CW01661225

36 HEURES DANS LA BRUME

© 2022, Bayard Éditions pour la présente édition
18 rue Barbès, 92128 Montrouge Cedex
ISBN : 979-1-0363-2906-7
Dépôt légal : septembre 2022

Loi n° 49-956 du 16 juillet 1949 sur les publications destinées à la jeunesse.
Tous droits réservés. Reproduction, même partielle, interdite.

Nathalie Somers

36 HEURES DANS LA BRUME

bayard

Tels des oiseaux affolés, ses longs cheveux s'envolaient dans le vent avant de revenir lui fouetter le visage. Sous les brusques bourrasques, sa blouse se plaquait contre sa poitrine tandis que sa jupe, rouge sang à pois noirs, se gonflait comme les voiles des bateaux qui passaient près de 67 mètres plus bas.

Ces bateaux glissant sur la mer.

Si petits tout là-bas.

Tout en bas là-bas, dessinant un ruban de mousse.

Tout en bas là-bas, le pavillon fièrement dressé.

Ils disparaissaient à tour de rôle sous le tablier du pont doré.

Ils disparaissaient comme il lui fallait disparaitre.

De si haut, le saut risquait d'être mortel.

La peur du vide, ancestrale, incontrôlable, s'infiltra en chaque fibre de son être. Jamais elle ne pourrait. Et pourtant…

Un si beau matin… c'était dommage. Ne pas regarder en arrière. Ne pas écouter. Résister à la tentation de la lâcheté.

Le martèlement de la course se rapprochait. Les vibrations s'étaient emparées de la structure du pont, faisant écho à sa peur, prenant le pas sur sa peur.

Elle serra jusqu'à en avoir mal aux doigts un des nombreux câbles orange qui s'étiraient d'une pile à l'autre du pont, semblables aux fils d'une toile d'araignée monstrueuse.

Et puis un hurlement.

– Nooooooon !

Le cri couvert par le bruit d'une détonation. Une douleur cuisante. La chute. Puis le choc brutal de l'eau glacée.

Noir…

1

La conscience lui revient vaguement. Il perçoit des voix. On crie. On appelle. Il est trop faible pour réagir. Toute son énergie est concentrée sur un but : malgré le froid, rester accroché au pneu lisse qui le maintient à la surface.

Les voix se rapprochent. Le clapotis changeant des vagues annonce un bateau.

Deux paires de mains solides le saisissent pour le hisser hors de l'eau. On l'affale, dégoulinant tel un misérable maquereau, sur le pont du bateau de pêche. Car il se trouve bien sur un bateau de pêche. Pas besoin d'ouvrir les yeux pour le deviner. L'odeur de poisson est affreuse, prégnante, suffocante. Il doit son salut à un de ces chalutiers qui cabotent le long de la côte pacifique.

– Peu de chances qu'il soit encore vivant, déclare un pêcheur d'une voix rocailleuse, on est loin des côtes.

Le naufragé a envie de protester. Mais lui-même en doute presque. Reste-t-il encore un souffle de vie dans son corps glacé ?

– C'est drôlement bizarre, commente un autre pêcheur d'un ton perplexe en contemplant le pneu qui, déchargé de son fardeau, ondule maintenant au gré des vagues. On a beau être en 1937, je ne connais pas beaucoup de bateaux qui avancent avec des roues en caoutchouc !

Son compère ricane.

– Sacré Tom, toujours le mot pour rire ! Pas besoin de bateaux à roues en caoutchouc pour repêcher des pneus. Avec toutes les cochonneries que les citadins balancent à la mer, on n'a que l'embarras du choix ! Crois-moi, dans quelque temps, l'océan Pacifique sera une vraie poubelle !

– Pff ! Faut toujours que tu te payes ma tête. L'océan, une poubelle ? Tu racontes vraiment n'importe quoi.

– J'ai du nez, voilà tout…

Le naufragé se demande un instant comment on peut encore avoir du nez en passant ses journées dans cet univers pestilentiel. Mais il n'a pas le temps de trouver de réponse car le pêcheur enchaine déjà :

– Reste à savoir s'il faut déposer ce drôle de poisson chez le croque-mort ou chez le médecin.

À ces mots, l'instinct de survie se manifeste chez le naufragé. Et la logique l'emporte sur les doutes : bien sûr qu'il est vivant ! Sinon le remugle ne lui donnerait pas la nausée. Il faut qu'il se fasse entendre, qu'il crie, qu'il proteste ! Mais ses lèvres, scellées par le froid, refusent de s'ouvrir.

Heureusement l'homme n'attend pas de réponse de son protégé. Il saisit son poignet blanc et glacé pour lui prendre le pouls. Le verdict tombe.

– Bon, ben, il semblerait que Doc' Martin va avoir du boulot en rab ce matin…

Un soulagement immense envahit le naufragé. Plus besoin de lutter. Plus besoin de se faire violence.

Il laisse le noir l'absorber à nouveau.

Une douleur. Brusque et piquante à la tempe.

– Aïe !

Le retour à la conscience. Il soulève avec difficulté les paupières et découvre un environnement qui lui est complètement étranger. Sur l'étagère à sa droite, il y a des tubes à essais, des pinces en métal, des fioles remplies de liquides de diverses couleurs, des bocaux dans lesquels d'inquiétants reptiles baignent dans du formol. De l'autre côté, une gigantesque planche anatomique sur laquelle un homme écorché expose ses muscles sanguinolents. Face à lui, un squelette se balance langoureusement sous les effets d'un courant d'air.

Et juste à côté du squelette, un homme mince à la barbe taillée au cordeau. Le regard trouble du naufragé s'accroche à lui.

– Où… où suis-je ?

– Tu es chez le docteur Martin, mon gars ! répond le barbu en jetant la compresse avec laquelle il vient de désinfecter la plaie de son patient. Heureux de te voir revenir à toi. Comment te sens-tu ?

Les picotements diminuent progressivement jusqu'à ce que la douleur devienne supportable. Le blessé, qui est allongé sur une table de soins, tente de se redresser avant de se laisser retomber en arrière.

– Fatigué…

– Normal, après ce que tu as vécu.

Le médecin s'approche pour lui bander la tête puis lui saisit le bras. À son tour, il lui prend le pouls. Satisfait, il lui pose ensuite son stéthoscope sur la poitrine. L'adolescent réalise alors qu'il est torse nu, juste vêtu d'un caleçon. Il n'y prête guère attention. La remarque que vient de lâcher le docteur le préoccupe bien davantage.

Qu'a-t-il donc vécu, au fait ?

Il fronce les sourcils, tente de remonter le fil du temps. Cela lui demande un effort de concentration immense. Il a l'impression que la réponse à cette question banale est là, toute proche… Il va la trouver bien sûr ! Mais le médecin, inconscient des difficultés auxquelles son patient est confronté, ne le laisse pas finir ses investigations. Avec un sourire chaleureux, il l'interroge :

– Dis-moi, comment t'appelles-tu ?

– Matt…

L'adolescent s'interrompt brusquement.

– Matt… ? Matt comment ? relance le médecin.

Le naufragé fixe l'homme aux cheveux bruns, comme s'il allait lire sur ce visage la solution de cette inextricable énigme. À nouveau, il déploie une activité cérébrale intense. Il cherche, échoue, repart à l'assaut, tente de forcer sa mémoire. En vain. Au bout de longues secondes, l'horrible vérité s'impose à lui : il est incapable de répondre.

– Je ne sais pas, avoue-t-il, bouleversé.

Il se prend la tête entre les mains et essaie encore dans une ultime tentative de fouiller son cerveau. Qui suis-je ? D'où je viens ? Tant de questions tourbillonnent dans son esprit ! Il a tout oublié. Comme s'il n'avait jamais existé.

– Je ne sais pas, répète-t-il, non ! C'est pire : je ne sais rien..., confesse-t-il presque honteusement.

Son regard éperdu trahit sa détresse.

Même si le docteur se veut rassurant, ce qu'il lui révèle réveille en lui une angoisse sourde.

– Tu as reçu un choc à la tête. À vrai dire, on t'a tiré dessus. Tu as eu une chance incroyable. La balle n'a fait que t'emporter un morceau de peau au niveau du crâne.

Quelle chance effectivement ! songe le naufragé, on me tire dessus et le doc' appelle ça de la chance !

Il en voudrait presque à cet homme. Dans une telle situation, il faut bien se défouler sur quelqu'un, non ? Mais aussitôt, devant ce visage empli de compassion, il prend la mesure de son injustice. Il n'y est pour rien ce brave médecin. Ce dernier d'ailleurs prend vite la mesure de son désarroi et ajoute avec douceur :

– Il est assez courant qu'une commotion cérébrale entraine une amnésie temporaire. C'est angoissant pour celui qui l'expérimente, mais il n'y a pas d'inquiétude à avoir. Surtout que l'examen médical a montré que tu étais en parfaite santé. Tu es jeune, tu te remettras vite ! Quant à la mémoire, elle revient généralement dans les heures ou les jours qui suivent.

C'est effectivement rassurant… Ou pas. Matt a relevé un adverbe dérangeant.

– Généralement ? Et dans les autres cas ?

Le docteur prend son temps pour répondre. L'angoisse de l'adolescent augmente. Par la fenêtre ouverte, un insecte volant s'invite dans le cabinet médical. Son léger vrombissement trouble à peine le silence qui s'est installé. La petite bête se pose près de Matt en refermant ses ailes rouges à pois noirs. Alors soudain, comme sous l'effet d'un coup de fouet, le naufragé se redresse. Son visage s'est éclairé.

– La coccinelle !

Il passe et repasse une main nerveuse dans sa tignasse poisseuse de sel. Malgré son agitation, la scène est d'une clarté absolue dans son esprit. Elle semble se dérouler en direct devant lui.

– Il y a cette fille… Je ne discerne pas ses traits. Ses cheveux lui recouvrent le visage. Elle porte une jupe noire à pois rouges… Non ! je dis n'importe quoi ! C'est une jupe rouge à pois noirs. Comme les ailes d'une coccinelle ! Sa jupe enfle sous les assauts du vent. J'ai peur qu'elle s'envole ! Et puis il y a les filins, les pylônes d'un pont. C'est grand… gigantesque…

Le docteur ne cache pas son intérêt mais il attend patiemment que Matt s'interrompe pour le questionner.

– … je ne veux pas qu'elle saute ! Je ne veux pas !

L'adolescent se tait soudain comme s'il se réveillait d'un cauchemar. Alors le médecin demande avec douceur :

– Ce pont dont tu parles, tu peux le décrire plus précisément ?

Le naufragé se concentre.

– Je ne sais pas trop quoi dire d'autre… ah si, tout est d'une étrange couleur orange.

Cette fois, on dirait qu'il vient de tirer le numéro gagnant : Doc' Martin sourit largement.

– Ton pont, je le connais bien !

Et sur ces paroles encourageantes, il abandonne son patient dans la salle de soins et disparait dans le couloir.

2

Tandis que Matt, perplexe, essaie toujours de se creuser la mémoire, le médecin revient. Il tient à la main un journal. Il le brandit sous le nez du jeune naufragé. Celui-ci peut lire qu'il s'agit de *La Gazette de Linda Mar*. Rien de passionnant. Mais le docteur est d'un autre avis.

– Je l'ai vu ton pont ! De mes propres yeux ! Une merveille ! Un exploit technologique ! La fierté de la côte ouest des États-Unis !

Il se met à tourner les feuillets et s'arrête lorsqu'il atteint ceux du milieu. Il place alors le journal face à son patient. En double page, un article surmonté d'une photo s'étale. Il n'y a pas d'erreur. C'est bien lui. Le pont de son souvenir.

– Voici le Golden Gate Bridge, à San Francisco. Le plus long pont suspendu du monde ! 2 737 mètres de longueur et 230 mètres de hauteur. On vient juste de terminer sa construction en mai dernier alors qu'elle a démarré en 1933. Quatre ans de travaux ont été nécessaires pour arriver à bout de cet exploit ! Le pont peut se balancer jusqu'à deux mètres sous l'effet du vent. Tu imagines ? Deux mètres ! Quant à sa couleur orange, elle a été choisie pour s'intégrer au mieux au paysage environnant. Fabuleux, non ?

Matt fixe le médecin. Ce dernier ne cherche pas à cacher son enthousiasme. C'est un passionné, un vrai. On dirait qu'il l'a construit lui-même ce fameux pont. Mais peu importe, l'essentiel, c'est qu'un nom a fait « tilt » dans la mémoire du naufragé. San Francisco ! « La cité de la baie », comme on la surnomme couramment.

– Je me souviens de San Francisco, articule-t-il lentement, j'ai dû y passer au moins un peu de temps. Est-ce loin ?

Un peu déçu que son patient ne montre pas davantage de curiosité pour ce pont de tous les records, Doc' Martin replie son journal à regret.

– Non, pas vraiment, répond-il. C'est à quelques miles au nord de Linda Mar, le bourg dans lequel tu te trouves actuellement. Si tu veux mon avis, tu étais sur ce pont quand on t'a agressé, le courant de l'océan t'aura entrainé au large. Cela expliquerait aussi que tu aies pu t'accrocher à ce vieux pneu. Beaucoup de gens se plaignent qu'on jette n'importe quoi dans la baie. Mais à l'évidence, toi, ça t'a sauvé la vie.

Cela parait logique. Ce qui parait logique aussi, c'est de retourner au plus tôt à San Francisco.

La fatigue qui étreignait l'adolescent n'est plus qu'un lointain souvenir. Un élan impérieux le pousse à agir.

Il saute au bas de la table de soins. Aussitôt, sa blessure à la tête se rappelle à son bon souvenir en l'élançant vigoureusement. Il l'ignore.

– Je devais avoir des vêtements, non ? Pouvez-vous me les rendre s'il vous plait ?

– Tes vêtements ? Et pourquoi donc ? Tu dois te reposer !

– Je ne peux pas. Je n'ai pas le temps. Je dois y retourner.

– Retourner là où on t'a tiré dessus ? Tu plaisantes ! Tu n'as qu'une quinzaine d'années, seize tout au plus. C'est bien trop dangereux. Il faut contacter la police. Leur expliquer ce qui s'est passé.

Matt ne peut retenir un éclat de rire amer.

– Leur expliquer ? Et leur expliquer quoi ? Je ne me souviens de rien… Si ce n'est de cette fille !

– Eh bien c'est déjà un début !

– Vous ne comprenez pas. Elle m'attend. Elle est en danger.

– Raison de plus pour faire intervenir la police ! Et puis, il est important de laisser au corps le temps de se reprendre. Cela aidera aussi la mémoire à revenir.

Le naufragé ne répond pas. Le médecin est têtu. Et un peu trop zélé. Avec une conscience professionnelle excessivement aigüe. Instinctivement, Matt sait avec certitude qu'il ne sert à rien de braquer ce genre de personne.

Alors il décide de taire le sentiment d'urgence qui l'habite. Cette nécessité impérative de retrouver la fille aux longs cheveux. Car c'est vital. Il le sent. Il le sait.

Doc' Martin se rend compte qu'il exige un gros sacrifice de la part de son patient. C'est pourquoi il ajoute plus doucement :

– De toute façon, ton pantalon et ta chemise sont inutilisables après leur séjour en mer.

Avec un sourire qui se veut enjoué, il enchaine en lui posant une main sur l'épaule :

– Maintenant, puisque tu as eu assez d'énergie pour te lever, je te propose de me suivre jusqu'à la chambre de mon fils, tu y seras plus à l'aise pour te reposer.

Sans un mot, Matt l'accompagne avec docilité dans le couloir qui distribue les pièces de la maison. Les murs lambrissés sont peints en blanc. Des portes d'un bleu vif se succèdent les unes aux autres. Arrivé à la dernière, le médecin s'arrête.

– La semaine, Dan est pensionnaire à San Francisco, dit-il en poussant le battant. Il fait à peu près ta taille. Quand tu iras mieux, tu pourras lui emprunter des habits.

Tout en parlant, l'homme désigne une armoire. La chambre du fils est aussi bien rangée que le cabinet médical du père. Cela ne manque pas de surprendre Matt. Son étonnement est tel que, dans un flash, sa mémoire lui restitue en une vision nette et précise une pièce où règne le désordre le plus total : des habits trainent sur le sol, des journaux sportifs sont étalés sur le lit, des bouteilles vides de Coca-Cola, abandonnées sur un bureau, côtoient gant et balle de baseball.

– C'est ma chambre ! s'exclame-t-il.

Doc' Martin lève un sourcil.

– Heu… non, c'est celle de mon fils, rectifie-t-il.

– Je ne parle pas de cette pièce, explique Matt, mais de celle qui est apparue dans ma tête. Ma chambre ! Je l'ai vue !

Un sourire satisfait apparait sur le visage du médecin.

– Très bien ! très bien ! Cela veut dire que la mémoire est en train de te revenir. Quelques jours de repos et il n'y paraitra plus.

Matt veut répliquer mais il se retient. Mieux vaut garder ses pensées pour lui.

Le docteur rejette les draps en arrière pour lui permettre de s'allonger. Docilement, le naufragé obéit.

– Et maintenant, ce qu'il te faut, c'est une bonne sieste. Quand tu auras repris suffisamment de force, nous nous rendrons au poste de police.

L'homme sort enfin de la chambre. Matt se retrouve seul. L'adolescent attend quelques minutes puis bondit hors du lit. Il ouvre l'armoire. À droite, il découvre, pliés en piles rectangulaires, caleçons, maillots de corps et chemises. À gauche, alignés tels des soldats à la parade, sont suspendus pantalons longs et courts.

Il s'empare du strict nécessaire pour se vêtir. Dans un tiroir, il découvre les paires de chaussettes et – ô miracle ! – un portefeuille en cuir bien garni en billets d'un dollar.

Il hésite un instant. Il a oublié pas mal de choses, mais pas que l'argent est essentiel pour voyager. Sa conscience s'indigne farouchement à l'idée même d'une action qu'elle juge impardonnable. Tu ne voleras point. C'est inscrit profondément en lui.

Il referme le portefeuille.

La fille-coccinelle resurgit devant ses yeux. Son cri de détresse retentit dans sa tête.

Malgré sa conscience qui proteste, il sait qu'il n'a pas le choix. D'une main tremblante, il compte méticuleusement dix billets qu'il fourre dans sa poche arrière et remet le portefeuille en place. C'est une grosse somme et il se sent horriblement coupable. « Ce n'est qu'un emprunt, se convainc-t-il. Ce n'est qu'un emprunt. »

Sur le secrétaire qui occupe un coin de la pièce, il prend un crayon et une feuille de papier. Il griffonne une reconnaissance de dette et une note de remerciement qu'il laisse bien en évidence. Il remboursera tout jusqu'au dernier cent, il se le jure. Puis il relève la fenêtre à guillotine et se félicite de sa chance. La chambre est au rez-de-chaussée.

Malgré sa tête qui tourne légèrement après ces va-et-vient, il enjambe le cadre en bois et se retrouve dans la rue.

3

AZ-85

« Vous avez le droit d'être logés, nourris, blanchis, et soignés si nécessaire. Rien d'autre ne vous est dû. » (Article 5 du règlement intérieur de la prison d'Alcatraz, 1934.)

1,5 m sur 3 m : 4,5 m^2. Malgré le chauffage central et l'électricité, on est loin des palaces auxquels le matricule AZ-85 était habitué. Le fauve est en cage et il rumine comme un bovin. Depuis qu'il ne peut plus s'occuper de ses « affaires », il a le sentiment de ne plus exister. Il les déteste. Il les déteste tous.

Mais ceux qui le croient fini ne vont pas tarder à comprendre qu'ils l'ont cru mort et enterré un peu trop vite. Car certains lui sont restés fidèles.

Cela fait des années qu'il attend. Qu'il joue le jeu du prisonnier modèle. S'ils savaient… Hollywood lui décernerait à l'unanimité l'Oscar du meilleur acteur ! Enfoncés, tous ces gominés des plateaux de cinéma ! Explosés, les Gary Cooper et les Clark Gable !

Le matricule AZ-85 ricane tout bas. Il s'imagine un instant paradant sur la scène. Même s'il sait bien qu'avec la balafre en forme de sourire qui lui barre la joue gauche, il n'a pas vraiment le physique d'un jeune premier. Sans parler de sa petite taille et de son embonpoint.

Qu'importe ! En réalité, il n'a jamais cherché à séduire les foules. Bien que moins visibles, ses propres atouts se sont révélés tout aussi précieux… et mortellement efficaces.

De l'inventivité, de la méthode, de la résilience, et du sang-froid. Voici le cocktail explosif qu'il faut réunir pour réussir dans sa branche.

Et ces belles qualités, il les possède en abondance !

Tandis qu'il se rengorge, une petite voix moqueuse lui souffle qu'il n'est plus ce qu'il était et que ces derniers temps, c'est surtout dans ses ressources de patience qu'il a dû puiser. Il cloue le bec à la petite voix en lui rappelant que la patience est une vertu sous-estimée et que, comme le dit le proverbe, celle-ci finit toujours par payer.

La patience… et la lecture aussi !

Car oui, aussi improbable que cela paraisse, il s'est découvert une passion soudaine pour cette occupation. Lui qui, jusqu'à tout récemment, se souciait de la littérature comme d'une guigne !

Mais ça, c'était avant. Avant qu'il comprenne que la lecture était le meilleur moyen d'évasion que l'on ait jamais inventé.

Le matricule AZ-85 éclate d'un rire ironique et referme avec un bruit sec le livre épais que le gardien vient de lui déposer. Depuis la couverture du roman *Autant en emporte le vent*, la splendide Scarlett O'Hara le fixe de son regard provocant. Le bouquin est en lice pour plusieurs prix, dont le célèbre « Pulitzer ». Il doit être bon, donc. Le prisonnier caresse amoureusement la couverture glacée.

Qu'il gagne ou qu'il perde, cela lui est cependant bien égal. En ce qui le concerne, ce roman n'a pas de prix…

4

San Francisco est une ville-ruche, bourdonnante d'activité. Matt se réveille du demi-sommeil dans lequel il était tombé lorsque le bus quitte la banlieue pour se diriger vers le centre. Il colle son nez à la vitre, avide de découvrir un élément qui réveillera sa mémoire. Son corps est sensible aux vibrations qui se dégagent de ces rues débordantes de véhicules en tout genre. Les tramways font retentir leur cloche en croisant les voitures. Voitures qui ne se privent pas de klaxonner fort en doublant des pousse-pousse tirés par des Chinois aux jambes frêles. Le spectacle est omniprésent. Même s'il ne reconnait encore rien, Matt appartient à ce lieu, c'est une évidence.

Le bus bifurque à droite. Il roule maintenant le long d'un large boulevard. Apparait bientôt un gigantesque bâtiment tout de blanc vêtu. Une enfilade de colonnes lui donne l'élégance des temples grecs tandis que la coupole grisée qui le chapeaute le classe définitivement dans le style « Beaux-Arts ». Voici l'hôtel de ville de San Francisco. Il est presque neuf. L'ancien ayant été détruit par le terrible tremblement de terre qui a ravagé la ville en 1906. Tout cela, Matt le sait. Il entend une voix grave lui expliquer cette histoire alors qu'il n'est qu'un enfant. Une main solide tient la sienne. Il se sent en sécurité. Invincible. Son père est si fort.

Le souvenir s'efface inexorablement alors que le bus poursuit son chemin en brinquebalant sur les aiguillages des lignes de tramway. Impossible d'en savoir davantage. Aucun nom, aucun visage. La frustration revient à l'assaut. Mais Matt refuse de se laisser entrainer sur la pente des regrets. Il ouvre grand les yeux et tente d'absorber le maximum d'informations au fur et à mesure que le voyage approche de sa fin. Quand le bus s'engage sur Van Ness Avenue, il sait d'instinct qu'il va déboucher sur l'océan. L'air chargé d'iode qui entre par les fenêtres à demi baissées vient confirmer cette conviction.

Un coup de frein un peu brutal et le chauffeur lance à la ronde :

– Fisherman's Wharf, terminus ! Tout le monde descend !

Contrairement aux autres passagers qui s'affairent pour sortir du véhicule, Matt reste à contempler le paysage par la vitre. Maintenant qu'il est sur place, une peur soudaine s'empare de lui. Et s'il arrivait trop tard ? Et si la fille-coccinelle n'était déjà plus de ce monde ?

– Hey boy ! On va pas rester là jusqu'au déluge, reprend la voix éraillée du chauffeur, j'ai dit « tout le monde descend » ! Si tu veux compter les mouettes, t'as qu'à le faire depuis le quai !

Brutalement extirpé de ses rêveries, Matt se résout à obéir. Sa tête l'élance à chaque pas, mais ce qui le dérange le plus, c'est la sensation de vertige qui l'assaille dès qu'il bouge trop vite. Sa lenteur agace le chauffeur. Pour ne pas s'exposer à de nouvelles remarques cinglantes, Matt s'efforce d'accélérer et manque de rater une marche en descendant du bus. On pourrait presque croire qu'il est saoul.

Sur le trottoir, il lui faut quelques minutes pour retrouver son équilibre.

Sa démarche hésitante n'est pas passée inaperçue. Adossés de part et d'autre d'un réverbère, deux adolescents de son âge laissent échapper un reniflement moqueur. Le plus grand porte une casquette très inclinée sur le côté qui lui cache la moitié du visage. Le deuxième se cure les dents avec une allumette si pointue qu'elle a dû être affûtée par une lame parfaitement aiguisée.

– Regarde-moi ça Henry, en voilà un qui doit être un peu trop copain avec ce bon vieux Jack Daniel's[1], lâche le premier avant de cracher dans le caniveau.

Son compère interrompt un instant son activité dentaire pour renchérir.

– Qu'est-ce que tu veux, depuis la fin de la prohibition[2], y'en a qui se croient tout permis. Sauf qu'ils n'ont

---

1. Marque américaine de whiskey.

2. Période pendant laquelle la vente d'alcool était interdite aux États-Unis. Elle s'achève en 1933.

pas les tripes qu'il faut. C'est pas donné à tout le monde de tenir l'alcool.

Matt leur glisse un coup d'œil en biais mais se garde bien de répliquer. Au premier regard, il a reconnu l'attitude provocante des membres de gangs qui hantent certains quartiers franciscanais. À nouveau, la voix de son père a résonné dans sa tête. Cette fois le ton est nettement plus tendu.

«Tiens-toi toujours à l'écart. Fais profil bas. Ils ne sont jamais seuls.»

Alors Matt détourne la tête et s'éloigne à grandes enjambées. De toute manière, il n'a ni temps ni énergie à perdre. La mer est toute proche. Il peut la voir à travers deux rangées de bâtiments. Elle l'attire comme un aimant et il se dirige droit vers elle. Le pont de Doc' Martin doit se trouver non loin.

Il presse le pas et rejoint bientôt, avec un certain soulagement, les quais grouillant de monde. Les tenues et les accents les plus divers se côtoient. Bien que trente ans plus tôt, le tremblement de terre ait brisé l'expansion de la cité franciscanaise, la ville reste cosmopolite et l'activité de son port intense. Ça s'interpelle, ça se pousse, ça se dispute. Des gamins qui ont pêché du crabe dans la baie vendent leurs crustacés à la criée. La cacophonie est totale. Pourtant, le jeune naufragé sourit : l'ensemble lui parait très familier.

C'est alors qu'au détour d'un bâtiment, son instinct lui fait tourner la tête vers l'ouest. Là-bas, à quelques miles, les piles d'un pont surgissent d'une brume épaisse.

Difficile de reconnaitre, dans cet édifice enveloppé de voiles d'albâtre, l'ouvrage d'art rutilant sous le soleil de la photo du journal. Pourtant, Matt n'a aucun doute, il s'agit assurément du Golden Gate Bridge. San Francisco, l'été, est une cachottière. Certains matins et fins d'après-midi, elle dissimule ses trésors sous des amas de nuages. Matt en a l'habitude. Il sait à quelle vitesse ces nappes de brouillard peuvent envahir toute la côte, voire toute la cité. C'est ainsi qu'il l'aime, sa ville, changeante, imprévisible, mystérieuse. Une émotion incontrôlable s'empare de lui.

Ce pont l'appelle.

Matt s'élance. Cependant, dès la troisième foulée, il manque de s'effondrer. Une grande faiblesse l'envahit et au même moment son estomac se tord en une douloureuse crampe.

Il a faim. Très faim. Terriblement faim. Jusqu'à présent, son obsession de retrouver la fille de sa vision avait annihilé tous ses autres besoins. Mais en cet instant, son corps proteste. Les odeurs alléchantes s'échappant des kiosques qui s'échelonnent le long du bord de mer pour proposer aux chalands des plats à emporter y sont certainement pour beaucoup. Son regard balaye le port. Il y en a pour tous les goûts. Des cuisiniers chinois proposent un large choix de nems accompagnés de riz cantonais, tandis que leurs voisins s'en tiennent aux traditionnels clam chowders[1] que l'on peut déguster dans des bols en pain au levain. Matt se

1. Soupe épaisse aux palourdes.

décide pour ces derniers. Le fumet qui s'échappe de leur marmite rendrait l'appétit à un mourant.

De son œil averti, le marchand le plus proche a remarqué son intérêt et ne tarde pas à le héler :

– Mes palourdes sont les meilleures ! Ramassées ce matin même !

À l'instant où Matt s'approche pour se laisser tenter, un autre marchand s'époumone :

– Dis donc Matt ! Tu me fais des infidélités ?

L'attention du naufragé s'éveille aussitôt. Se détournant du premier kiosquier, au grand dam de celui-ci, il se dirige droit sur l'homme qui vient de l'interpeler.

– Vous me connaissez ?

Le marchand le dévisage avec surprise.

– Qu'est-ce que c'est que cette question ? Ça fait deux ans que tu t'arrêtes chez moi tous les jeudis soir. Évidemment que je te connais ! C'est que tu as le ventre creux après ton entrainement de baseball !

Matt sent l'excitation l'envahir. Enfin ! Une piste !

– Je suis désolé, je ne me souviens pas. Je souffre d'une amnésie temporaire.

De l'index, il montre le pansement qu'il porte à la tempe.

– Sérieux ? Tu ne te souviens pas de moi ? demande le marchand en riant comme si on venait de lui raconter une bonne blague.

Matt commence à secouer la tête de droite à gauche mais s'arrête aussitôt car cela réactive la douleur. Cela ne l'empêche cependant pas de demander avec avidité :

– Pouvez-vous me dire qui je suis ? Vous connaissez mon nom de famille ? Mon adresse ? Mes parents ?

Le marchand lève les deux mains pour stopper le flot de questions.

– Tout doux mon gars ! J'te connais un peu parce que j'aime taper la discussion avec mes clients, mais on n'a pas gardé les cochons ensemble ! Faut dire que t'es pas du genre bavard. Pour le baseball, c'était facile à deviner à cause de la batte. Mais pour le reste, tu lâchais pas grand-chose. Tiens… je me souviens d'un jour où tu étais plus pressé que d'habitude. T'as dit que tu allais rejoindre ton père. Quand je t'ai demandé ce qu'il faisait dans la vie, tu m'as aussitôt rétorqué de bien vouloir m'occuper de mes oignons.

Matt ne cache pas sa déception. Et malgré ce que vient de déclarer le marchand, il ne peut s'empêcher de demander :

– Et vous ne m'avez jamais vu avec une fille ? Une fille avec de longs cheveux bruns et une jupe rouge à pois noirs ?

– Non, désolé mon gars. Pas de jupe rouge ni de pois. Quant à la seule fille brune avec qui je t'ai vu parler, elle est là-bas. Tu ne pars jamais sans lui acheter un dim sum en dessert.

Tout en parlant, le marchand désigne un kiosque situé non loin du sien. Il est effectivement tenu par une adolescente brune et un petit garçon tout aussi brun. Mais la ressemblance s'arrête là. La fille-coccinelle n'a ni les yeux bridés, ni les cheveux tirés en un chignon parsemé de fleurs en tissu. Elle ne porte pas davantage une tunique en satin bleu sur un pantalon noir. Déçu, il fixe la jeune Chinoise comme si elle dissimulait celle qu'il recherche. L'adolescente, qui l'observait de loin, finit par croiser son regard. Embarrassée, elle détourne aussitôt les yeux.

Sa gêne fait prendre conscience à Matt de l'impolitesse de son comportement. Il se traite de malotru et se dépêche de se retourner vers le marchand. Ce dernier lui décoche un sourire édenté tout en lui proposant une généreuse portion de clam chowder servie dans un demi-pain en boule.

Matt accueille cette diversion avec soulagement. Et puis d'ailleurs, il faut qu'il mange s'il veut avoir la force de continuer ses recherches. Il sort sa liasse de billets de la poche arrière de son pantalon et en tend un au vendeur.

– Eh bien te voilà riche ! commente l'homme.

La culpabilité fait rougir son client qui s'empresse de ranger son argent.

– Merci pour la soupe ! bredouille-t-il.

Sans s'attarder davantage, il cherche un endroit au calme où s'assoir pour manger et reprendre des forces. Dans une ruelle parallèle à Van Ness Avenue, mais beaucoup plus tranquille, il avise une pile de caisses qui lui semblent parfaitement convenir.

Il avale avec délice une première goulée de soupe. La texture crémeuse et le goût légèrement épicé réjouissent ses papilles. En un rien de temps, il a tout fini.

La soupe comme le pain. Il se sent revigoré. C'est alors qu'une soudaine envie de dim sum le saisit. Visiblement, son estomac a plus de mémoire que lui et réclame l'habituelle conclusion de son menu !

Sans trop comprendre pourquoi, Matt se sent tout joyeux à l'idée de ce dessert. Anormalement joyeux même. Après tout, il ne s'agit que de dim sum…

Qu'importe, c'est le sourire aux lèvres qu'il se lève pour rejoindre le kiosque chinois. Il est évident que son corps a encore besoin de sucre pour retrouver ses forces !

Comme il s'apprête à déboucher de la ruelle, il réalise que la brume a silencieusement étendu son royaume tandis qu'il se restaurait. Le stand chinois, ainsi que tout ce qui l'entoure, est devenu à peine visible. Seul son store rouge vif et or parvient à défier le brouillard et le signale telle la lanterne d'un phare.

Matt, impatient, accélère le pas quand soudain une silhouette lui barre le passage.

– Alors, parait qu'on est riche ?

5

Instantanément, Matt reconnait le dénommé Henry, l'adolescent qui se curait les dents avec une allumette. Nul besoin d'un dessin pour comprendre ce qu'il veut. Matt se retourne, prêt à s'enfuir, mais le gars à la casquette débouche à l'angle d'un bâtiment. La retraite est coupée.

Le jeune naufragé regarde autour de lui. La ruelle est coincée entre les murs de deux grands entrepôts. À quelques dizaines de mètres de là, le long du littoral, l'activité bat son plein. Ici, c'est le désert. Deux endroits si proches et si lointains à la fois ! Le brouillard déforme tout. Il fausse les distances, étouffe les sons, trouble les mouvements. Matt pourra s'époumoner tant qu'il veut. Ses appels se perdront dans la masse cotonneuse ou finiront par se confondre avec ceux des vendeurs à la criée.

– Donne-nous bien gentiment la jolie liasse qui se trouve dans ta poche, souffle Henry, et on te fera pas de mal... Ou presque pas. Juste un peu, pour le plaisir. Et pour que notre rencontre reste mémorable.

Tout en s'avançant, le garçon à l'allumette plonge la main dans sa veste et en sort un canif. Un clic retentit. Une lame jaillit. Elle n'est pas très longue mais particulièrement bien aiguisé.

«Voilà pourquoi l'allumette était si pointue», se dit Matt. Il se rabroue aussitôt : pas de temps à perdre en pensées aussi futiles. Ce qu'il faut, c'est réagir et vite. Le naufragé jauge les deux agresseurs qui se rapprochent. Le garçon au couteau, bien que plus petit que son acolyte, est à l'évidence le plus dangereux. Mais s'il arrive à l'esquiver, il retrouvera les passants et la sécurité des commerces. Sûr qu'alors les deux gangsters abandonneront la poursuite. Ce serait trop dangereux. Matt n'a plus que quelques secondes pour prendre sa décision. Soudain, il se souvient qu'il est rapide. Du moins quand il est en pleine possession de ses moyens. Cette saison, il a fait gagner son équipe de baseball plusieurs fois grâce à des «home runs[1]». Et il sait frapper fort aussi. Si seulement il avait sa batte dans les mains ! Matt n'a cependant pas le temps de se réjouir des progrès de sa mémoire. Henry est à moins de deux mètres. Il ricane, se réjouit à l'avance de jouer avec sa victime. Convaincu que cette dernière est faible et sans défense, il prend son temps.

---

1. Coup de batte puissant qui propulse la balle si loin qu'il permet au joueur de faire un tour complet du terrain en une seule fois et donc de marquer directement un point.

– Ça va être du tout cuit, John ! lance-t-il à son complice avec un éclat de rire.

Matt entend dans son dos John, tout proche, ricaner à son tour. Alors il bondit en avant. La rapidité de sa réaction sidère ses agresseurs. En un clin d'œil, il évite le geste tardif et maladroit d'Henry qui essaie de l'arrêter. Devant lui, la mer de brume lui tend les bras pour l'absorber dans son accolade moelleuse. Plus que quelques mètres et il sera sauvé ! Malgré le clam chowder, il sent tous les muscles de son corps protester contre le violent effort qu'il leur impose, mais le salut est là, à trois pas !

C'est alors qu'une violente douleur dans l'épaule gauche lui coupe la respiration. Ses jambes lâchent. Il s'effondre en gémissant.

Dans une bruyante cavalcade, Henry et John le rejoignent.

– Eh oui mon vieux, déclare le premier, tu vois je sais aussi faire voler les couteaux !

– Tu te croyais plus malin que nous, abruti, crache John en lui décochant un coup de pied dans les côtes, t'aurais pas dû, tu aurais moins souffert et le résultat aurait été le même.

Matt étouffe un gémissement. Son épaule lui fait un mal de chien. Le découragement l'envahit et il se maudit d'avoir tenté de fuir. Ce fichu John a raison. Il aurait dû leur donner l'argent. Maintenant, comment pourra-t-il sauver la fille-coccinelle après le passage à tabac qu'il va assurément subir ?

Henry s'est accroupi. Il a déjà la main dans la poche arrière du pantalon de sa victime. Il sort la liasse de billets en riant.

– C'est un bon coup, déclare-t-il, John, on est les meilleurs !

– Non ce n'est pas un bon coup, déclare une voix douce, et non vous n'êtes pas les meilleurs.

Abasourdis, les trois garçons relèvent la tête en un même mouvement.

Matt reconnait avec stupéfaction la jeune Chinoise à la tunique bleue.

6

– De quoi tu te mêles, la chinetoque ? aboie Henry. Tu ferais mieux de retourner dans ton quartier si tu ne veux pas d'embrouilles.

– Avec plaisir, répond la jeune fille en s'inclinant respectueusement, je retournerai chez moi dans l'instant si vous relâchez ce garçon et lui rendez son argent. Sinon, je serai malheureusement obligée d'intervenir.

– Non mais tu entends ça ? lance John à son acolyte. Elle cherche vraiment les coups, celle-là !

Tout en parlant il s'approche de la jeune fille. Plus il avance et plus la différence de taille se fait criante. Il sourit déjà à l'idée de la raclée qu'il va lui mettre.

Matt est horrifié. Il voudrait intervenir mais il n'est vraiment pas en mesure de le faire. Il ne peut que hurler à cette fille qu'il ne connait pas :

– Pars ! Pars ! Ils vont te massacrer !

Mais la jeune fille n'a pas un regard pour lui. Toute son attention est maintenant concentrée sur l'adolescent qui va l'attaquer. Elle le laisse s'avancer sans faire le moindre mouvement. Sûr de lui, John lève la main pour lui asséner une gifle magistrale.

– Je vais t'en mettre une dont tu te souviendras toute ta vie, crache-t-il.

Matt ferme les yeux, anticipant avec répugnance l'impact de la claque sur le petit visage.

Rien.

Aucun son ne se fait entendre.

Si ce n'est un juron coloré qui lui fait immédiatement rouvrir les yeux. La scène qu'il découvre ne manque pas de le surprendre. La jeune fille s'est penchée en arrière au point que son dos est quasiment parallèle au sol. John, lui, emporté par son élan, a opéré un demi-tour sur lui-même, si bien qu'il fait désormais face à Henry et Matt, un air ahuri peint sur son visage. Rapide comme l'éclair, son adversaire se redresse et lui décoche un coup de pied dynamique. La casquette s'envole. John s'écroule à terre avec un bruit sourd. Sonné, il ne se relève pas. La jeune fille en profite et court jusqu'à Henry qui est toujours accroupi. Il tient encore les billets à la main. Les actions se sont enchainées si rapidement et de manière si inattendue qu'il n'a pas esquissé un geste. Profitant de l'effet de surprise, la fille tournoie sur une jambe et, du talon, l'envoie valdinguer sur les fesses. Henry laisse échapper un gémissement, le souffle coupé par l'impact.

Une main fine mais ferme se glisse sous le bras valide du naufragé. On le tire vers le haut pour l'aider à se remettre debout.

– Vite, souffle la voix douce, il faut quitter cette ruelle. Tu peux marcher ?

Malgré la douleur qui l'assaille, Matt répond avec hésitation.

– Oui… oui, je crois.

Bien que nettement plus petite que lui, elle le soutient avec une force étonnante. Clopin-clopant, il parvient à avancer. Ils doublent John au moment où celui-ci commence à retrouver ses esprits. Matt ne peut se retenir de lâcher :

– Jolie performance. En ce qui la concerne, je sais pas, mais je suis sûr que toi, tu te souviendras effectivement de cette rencontre toute ta vie.

John grogne des propos indistincts et lutte pour se remettre debout.

– Le sage dit : « Une langue court plus vite que deux pieds », glisse la jeune fille. Il devait parler de toi. Ta langue est très très rapide. Tes pieds, très très lents.

– Désolé, lâche Matt avec une grimace, je n'ai pas pu m'en empêcher…

Penaud, mais pas tant que ça car il trouve que c'était quand même bien mérité, il essaie de hâter le pas.

La nappe de brume se fait leur alliée en venant à leur rencontre. Elle gagne rapidement du terrain, glisse, se propage, silencieuse, sans que rien puisse ni l'arrêter ni lui échapper. C'est un phénomène presque magique. Derrière eux, la visibilité est excellente. Devant eux, les contours des êtres et des choses sont brouillés. Comme s'ils n'existaient pas vraiment. Mais cette mer de nuages est salvatrice. Elle les fait disparaitre en les entourant de ses bras multiples et duveteux.

– C'est très bien, commente sa compagne, nous allons pouvoir nous rendre directement chez moi. Chinatown est toute proche. Ma grand-mère te soignera. Si tu peux marcher encore bien sûr, à moins que...

Elle s'interrompt soudain.

– À moins que quoi ?

Elle hésite avant de poursuivre :

– À moins que tu préfères que j'aille chercher un docteur... qui ne soit pas chinois.

Matt, lui, n'hésite pas. Un docteur traditionnel va insister pour prévenir la police. Cela veut dire expliquer toute son histoire alors qu'il n'en détient que des bribes. Cela veut dire perdre du temps alors qu'il n'en a déjà gaspillé que trop. Cela veut dire enfin devoir expliquer la disparition de la liasse de billets chez Doc' Martin alors qu'il ne peut même plus le rembourser. Dans la panique, il n'a en effet pas pensé à la récupérer.

Et puis il se sent prêt à suivre cette fille surprenante pendant encore un bon bout de temps. Toutes ces raisons cependant, il les garde pour lui.

– Si tu fais confiance à ta grand-mère, je lui fais confiance, se contente-t-il de déclarer.

Un sourire fugace illumine le visage de la jeune fille auquel la brume donne un charme mystérieux. Le naufragé n'y reste pas insensible. Il se racle la gorge et ajoute :

– Au fait, je m'appelle Matt.

– Je sais.

– Tu sais ?

Un instant, l'espoir l'envahit.

– Tu me connais ? Tu… connais mon nom de famille ?

Sa sauveuse détourne les yeux pour masquer sa gêne. Elle semble si différente de la combattante qui a envoyé quelques minutes plus tôt ses deux agresseurs au tapis !

– Je connais ton prénom, explique-t-elle d'une petite voix. Tu m'achètes des dim sum tous les jeudis… Et le marchand de clam chowder, chez qui tu passes juste avant, a la voix qui porte. Je l'ai entendu t'interpeler. Mais je ne peux pas dire que je te connais vraiment.

Une fois de plus l'espoir s'évanouit. Sauf que cette fois, Matt garde au fond de lui un petit rien de joie. Il n'est pas mécontent de s'être fait remarquer par cette jolie fille.

– Et… Et moi, est-ce que je connais ton prénom ? demande-t-il.

À peine a-t-il posé cette question qu'il sent l'embarras l'envahir. Elle va le prendre pour un malotru ou pire… un idiot !

En effet, sa compagne ne manque pas de marquer sa perplexité en fronçant ses fins sourcils noirs.

– Heu… Non. Tu… tu ne me l'as jamais demandé.

« C'est confirmé, se dit Matt, elle doit penser que je suis un idiot et elle a bien raison. Comment ai-je pu la voir tous les jeudis sans chercher à la connaitre davantage ? Mais peut-être que tout n'est pas perdu… »

– J'en suis vraiment désolé, avoue-t-il. J'aurais dû le faire depuis longtemps…

Il veut se redresser pour la soulager de son poids. La douleur n'attendait que ça pour resurgir. Il continue cependant :

– En même temps, si je l'avais fait, je ne le saurais aujourd'hui pas davantage. J'ai eu un accident et je suis partiellement amnésique.

– Oh.

Elle marque un temps d'arrêt pour lui glisser un regard. Ils marchent un temps en silence, puis elle annonce d'une voix douce :

– Jiao. C'est mon prénom.

Matt sourit discrètement. Il valorise à sa juste valeur cette confidence.

– Jiao, c'est joli. Ça veut dire quoi ?

La jeune fille rougit. Les yeux fixés sur ses pieds qui continuent d'avancer, elle répond tout bas :

– «Très belle ». Ou « charmante ».

Sans laisser à Matt le temps de faire un commentaire, elle annonce d'une voix plus ferme :

– On y est. Bienvenue à Chinatown !

7

Plongé dans ses réflexions, Matt ne s'est pas rendu compte qu'ils étaient arrivés aux portes du quartier chinois. Celui-ci, légèrement retiré à l'intérieur des terres, se situe à la limite de la zone de brume. Seuls quelques rubans cotonneux s'enroulent encore paresseusement autour des colonnes qui en matérialisent l'accès. Surmontée de toits en pagode, la triple entrée annonce sans contestation possible que l'on va pénétrer en terre orientale.

Au-delà, une rue s'élève en pente douce. Nombre de personnes y circulent. La plupart d'entre elles sont chargées de colis plus ou moins volumineux. Certaines poussent des charrettes. Les plus courageuses, enfin, enfoncent les pédales de véhicules à deux ou trois roues qui tractent des remorques de toute taille.

Avec la brume qui s'éclaircit, Matt s'inquiète qu'on remarque leur étrange duo, voire le canif toujours planté dans son épaule. Il est cependant vite rassuré car tous ces gens ont un point commun : ils sont si affairés qu'ils ne leur prêtent pas la moindre attention.

Les deux adolescents s'engagent dans la montée. La rue est bordée de boutiques qui bourdonnent d'activité. L'air est saturé d'un mélange de fortes odeurs épicées exhalées par le poisson séché et la friture. En hauteur, de part et d'autre des façades, sont suspendues des guirlandes de lanternes d'un éclatant rouge orangé. Elles s'égrènent telles des dizaines de soleils couchants.

Le spectacle est si particulier que Matt s'attend à ce qu'un déclic se produise dans sa mémoire. Hélas, rien ne se produit !

– Je ne crois pas être déjà venu par ici, finit-il par conclure.

– Ce n'est pas étonnant, répond Jiao. La plupart des Franciscanais n'ont jamais mis les pieds à Chinatown. Le quartier a été attribué à mes compatriotes lorsqu'ils sont arrivés à San Francisco au siècle dernier. On n'a pas le droit d'habiter ailleurs. Chinatown, c'est une ville dans la ville. Avec ses propres lois aussi.

– Tant mieux ! Il y aura d'autant moins de risques que ces deux pourris cherchent à nous y retrouver.

– Il y a peu de risques, effectivement. Ils font partie du Lotta's gang. Il se nomme ainsi parce que ses membres se réunissent souvent sur les marches de Lotta's Fountain[1],

---

1. Fontaine donnée à la ville de San Francisco par l'actrice Lotta Crabtree en 1875.

qui se trouve dans un autre quartier de San Francisco. Malheureusement, nous avons nous aussi nos propres gangs, qu'on appelle les « tongs » et qui détestent d'ailleurs les vôtres. Ta chance, pour l'instant, c'est que ceux de Chinatown ignorent que tu es riche !

– Je ne le suis plus. Ces salauds m'ont tout piqué.

Un sourire fugace étire la bouche de Jiao.

– Peut-être pas tout. Je suis assez habile de mes dix doigts.

À ces mots, une vague de soulagement parcourt Matt. Il se sentait déjà terriblement coupable d'avoir pris cet argent, et à l'idée d'avoir perdu une telle somme, l'angoisse le tenaillait. Son instinct lui soufflait qu'il ne vient pas d'une famille aisée. Quand il avait « emprunté » ces dollars, il avait bien eu l'intention de les utiliser aussi parcimonieusement que possible et de ne les dépenser qu'en cas d'extrême nécessité. Il se doutait bien qu'il lui faudrait travailler dur pour pouvoir rembourser chaque cent qui manquerait. En récupérant la liasse, Jiao vient de lui retirer une belle épine du pied. Une fois de plus.

– Merci, souffle-t-il avec reconnaissance, tu es incroyable ! Comment as-tu fait ? Je n'ai rien remarqué !

Leurs regards se croisent et elle détourne le sien avec modestie lorsqu'elle lit l'admiration dans les yeux bleus de son compagnon.

– Oh, ce n'est rien, vraiment. Tu étais blessé, allongé sur le ventre. Tu n'étais pas en état de remarquer quoi que ce soit. J'ai profité de l'effet de surprise, voilà tout.

Matt comprend qu'elle n'en dira pas davantage. Jiao n'est pas du genre à se vanter. Elle a dû agir alors qu'Henry tenait encore la liasse entre ses mains. Juste après lui avoir décoché ce fabuleux coup de pied. Étant donné la rapidité avec laquelle elle a assené ses coups, Henry n'a rien vu venir et n'a même pas esquissé un geste pour se défendre. Il devait être tellement sûr que son complice ne ferait qu'une bouchée de sa victime ! Matt ne peut l'en blâmer. À sa grande honte, il doit s'avouer qu'il s'attendait à la même chose.

Alors qu'il est perdu dans ses pensées, Jiao lui signale :

– Il faut tourner à droite.

Docilement, il la suit. Le mouvement qu'il fait pour amorcer son virage est un peu trop vif et son épaule le rappelle à l'ordre. Pas de gestes brusques !

Avec davantage de précautions, il s'engage dans cette nouvelle rue. Elle est plus étroite. Moins bien fréquentée aussi. Quelques jeunes, à peine plus âgés qu'eux, sont regroupés dans un renfoncement. Le plus grand a le front ceint d'un bandeau rouge et observe la rue tandis que les trois autres sont accroupis et jouent aux dés sur un tonneau retourné. Les gestes sont rapides mais Matt surprend des billets qui circulent d'une main à l'autre. Les mouvements se suspendent au passage de Jiao et Matt. Les yeux noirs deviennent agressifs en découvrant la blondeur et les traits occidentaux de Matt. Ce dernier se raidit, déjà inquiet. La tension flotte dans l'air. D'une pression des doigts sur son avant-bras, sa compagne le rassure.

Elle incline la tête en passant devant le jeune homme au bandeau rouge. Il lui rend son salut de la même manière sans montrer la moindre curiosité. La tension baisse d'un cran. Chacun reprend ses activités. Matt laisse échapper un soupir de soulagement. Lorsqu'ils se sont un peu éloignés, Jiao souffle :

– Quand je te disais que nous avions aussi nos gangs...

– Tu... Tu les fréquentes ?

Il ne peut cacher son étonnement ni une certaine inquiétude. Il s'est confié corps et âme à cette fille et réalise brusquement qu'il ne la connait pas.

– Pas vraiment. Ils font partie des Fils du dragon. Ils gèrent des paris illégaux. Ce ne sont pas les pires, même s'il vaut mieux ne pas avoir du mal à rembourser ses dettes si on tient à ses jambes. Mais tu n'as rien à craindre. Wei, celui qui m'a saluée, est un ancien élève de mon père.

Jiao a parlé d'un ton haché et plus sec que d'habitude. Matt devine qu'il l'a offensée avec ses soupçons. Gêné, il n'ose l'interroger davantage.

Ils avancent en silence dans la ruelle pendant un temps. Une odeur de résine, à la fois âcre et nauséabonde, se fait plus prégnante au fur et à mesure qu'ils progressent. Matt en vient à regretter les saveurs épicées et fortes du poisson séché.

– Pouah ! s'exclame-t-il, heureux d'avoir trouvé un nouveau sujet de conversation. Qu'est-ce que ça sent mauvais !

Jiao semble déjà avoir oublié sa contrariété. C'est avec sa délicatesse habituelle qu'elle s'excuse :

– Je suis désolée, cela vient de la fumerie d'opium. Ma grand-mère habite juste à côté.

Elle désigne du doigt un bâtiment d'aspect sordide. Même en pleine journée, les stores en sont baissés. Au moment où ils passent devant l'entrée, la porte s'ouvre. Un homme sort en titubant. Il parait épuisé, à bout de force. Il s'écroule sur le seuil. Un autre arrive derrière lui et l'apostrophe en mandarin avec dureté. Il le pousse du pied pour le faire rouler à l'extérieur. Alors que Jiao tente d'accélérer pour s'éloigner de cette scène déplorable, la curiosité de Matt lui fait ralentir le pas. Par la porte restée ouverte, il aperçoit un nuage de fumée qui tapisse le plafond tandis qu'en dessous, des paillasses superposées sont occupées par les consommateurs d'opium. La pipette aux lèvres, ils aspirent au moyen d'un tuyau les vapeurs toxiques qui proviennent d'une sorte de réservoir. Puis la porte se referme avec un claquement sec tandis que le fumeur expulsé tente de se relever.

– L'opium, il ne faut jamais y toucher, assène Jiao d'un ton tranchant qui ne souffre pas la contradiction. Surtout pas comme ça. Ma grand-mère l'utilise parfois pour soigner. Mais dans les fumeries, cela transforme les gens en coquilles vides. La plupart y laissent tout leur argent et fument jusqu'à se faire mettre dehors, comme ce pauvre homme.

Ce disant, elle frappe au rez-de-chaussée de la maison qu'ils viennent d'atteindre. La façade est peinte en jaune vif et même si la peinture s'écaille par endroits, le bâtiment semble nettement mieux entretenu que son voisin. Des rideaux colorés sont suspendus aux fenêtres et une lanterne rouge se balance au-dessus de l'entrée.

Dès que le battant s'entrouvre, Jiao déverse une cascade de mots incompréhensibles pour son compagnon. Elle se glisse dans l'espace qui s'élargit pour la laisser passer. Matt, plus large de carrure, a un peu de mal à la suivre et réprime un gémissement quand son épaule heurte le chambranle.

Tandis qu'un flot de paroles circulent entre la grand-mère et sa petite-fille, Matt observe l'aïeule avec curiosité. Cette dernière est vêtue d'une robe orientale rouge fermée sur l'épaule par toute une série de minuscules boutons. Elle mesure bien une tête de moins que Jiao et ne doit pas dépasser la moitié de son poids. Dire qu'il trouvait déjà la jeune fille fluette !

On pourrait croire la grand-mère fragile, cependant Matt a compris depuis peu qu'il ne faut pas se fier aux apparences. À son regard inflexible, il se doute qu'une personnalité de fer se cache dans ce corps frêle. Elle confirme ses pressentiments en lâchant un ordre d'une voix sèche et en avançant vers lui un tabouret en bois.

– Il faut t'assoir, traduit Jiao bien inutilement puisque le message était limpide. Elle dit que c'est une bonne chose qu'on ait laissé le canif en place. Ça limite l'hémorragie.

Matt s'assoit en pensant que ces derniers temps, sa vie a pris un drôle de tournant. En moins de quelques heures, il a dû se réjouir qu'une balle lui ait « juste » arraché un fragment de peau du crâne, puis qu'un couteau soit resté bien planté dans son épaule. À ce rythme-là, il redoute déjà ce que lui réserve sa bonne étoile !

D'un coup de ciseau, la vieille femme découpe sa chemise pour dégager la plaie. L'adolescent soupire. Encore une curieuse habitude de sa nouvelle vie : ses habits ne font pas long feu !

L'aïeule décroche une bouilloire suspendue au mur, y verse deux tasses d'eau et la pose sur le petit poêle noir qui occupe l'angle de la pièce. Elle farfouille ensuite dans un pot en céramique, en ressort ce qui ressemble à des morceaux de racines noires mélangés à des plantes séchées, et jette le tout dans la bouilloire sitôt que l'eau atteint l'ébullition.

Comprenant que l'infusion lui est destinée, Matt demande avec circonspection :

– Qu'est-ce que c'est ?

– Des plantes qui soulagent la douleur et qui calment, répond Jiao. Ma grand-mère est la seule à en connaitre la composition. C'est très efficace.

Matt est relativement rassuré par cette explication. Aussi, quelques instants plus tard, il avale le contenu de la tasse qu'on lui sert malgré le goût épouvantablement amer de la boisson.

– Ça fait toujours aussi mal, avoue-t-il avec une grimace.

Jiao laisse échapper un petit rire.

– Il faut attendre. Être patient. Je t'assure que d'ici une demi-heure, tu seras heureux de l'avoir bue.

Matt essaie de s'en convaincre mais la fatigue, le stress et la douleur qui l'accompagnent depuis des heures ont tendance à le rendre méfiant. Le visage grincheux de l'aïeule ne l'incite pas non plus à la confiance.

Il l'entend qui s'active dans son dos. On entend des claquements de porte de placard, le « pop » d'une bouteille qu'on ouvre, des cliquetis métalliques et des bruissements plus sourds. Matt ne veut surtout pas tourner la tête pour voir ce qu'elle prépare. Des effluves de camphre et d'alcool viennent chatouiller ses narines. Le garçon commence à se demander quel type de traitement l'attend et le doute s'insinue en lui. Que fait-il dans cette misérable pièce seulement meublée d'une table basse, de deux tabourets dont celui qui se trouve sous ses fesses, d'un tapis usé jusqu'à la corde et d'une paillasse jetée contre un mur ? Seules les tentures colorées qui couvrent les murs et les statuettes ventrues de deux bouddhas donnent un peu de chaleur à l'endroit. Pour lutter contre l'appréhension qui le gagne peu à peu, Matt cherche le regard de Jiao. Elle est agenouillée devant la table basse et l'examine à travers le rideau de ses cils. Embarrassée d'être surprise à le fixer, elle baisse la tête en s'empourprant.

Au même moment une question en mandarin fuse. Le rougissement de Jiao s'accentue.

– Elle veut savoir comment tu as perdu la mémoire et pourquoi tu as fini chez elle. J'ai dû tout lui expliquer, s'excuse-t-elle au comble de l'embarras. Je suis vraiment désolée. À son âge, on est très curieux et on ne respecte plus autant les règles du savoir-vivre.

– Ce n'est pas un problème, la rassure Matt, au contraire. Cela me soulage de pouvoir en parler.

Heureux de la distraction, il se lance dans les explications. Bien qu'elle tente de garder une attitude réservée, Jiao boit ses paroles avec avidité. Elle traduit au fur et à mesure et la grand-mère commente avec des exclamations ou des petits grognements tout en continuant de préparer ses mixtures.

Matt finit par parler de la fille-coccinelle. Tout à son récit, il ne remarque pas l'ombre qui passe sur le fin visage de Jiao.

– Il faut à tout prix que je la retrouve, conclut-il avec force. Elle est en danger, je dois la sauver !

Pendant quelques instants, Jiao oublie de traduire. Sa grand-mère, qui a suivi le récit avec beaucoup d'intérêt, la rappelle à l'ordre. La jeune fille s'exécute comme une automate. L'aïeule laisse échapper un petit rire et une longue tirade.

– Elle dit : « Les filles ! Toujours les filles ! c'est toujours une source de problème chez les Occidentaux. Vous vous battez pour elles. Un jour "j'aime", un jour "j'aime plus", un jour "j'aime une autre". C'est pour ça que tu as été blessé, c'est sûr ! Chez nous, c'est mieux. Ce sont les parents qui choisissent les épouses. »

Matt reste un instant sans voix. Il ne sait plus que penser. La grand-mère a-t-elle deviné juste ? Étrangement, ce qui le préoccupe à l'instant, c'est de savoir que Jiao va être mariée sans avoir son mot à dire.

– C'est vrai ? demande-t-il. Ce sont tes parents qui vont choisir ton mari ?

– Ce serait difficile pour eux, déclare-t-elle d'une voix monocorde. Ils sont morts.

Matt s'en veut de sa maladresse. Il ouvre la bouche pour demander pardon. Chercher à en savoir plus aussi. Pourtant, ce ne sont pas des mots d'excuse qu'il laisse échapper, mais un cri de douleur.

D'une poigne de fer et sans avertissement, l'aïeule vient de retirer le couteau de son épaule.

8

AZ-85

La porte s'ouvre. Un homme en uniforme bleu marine trompette :

– C'est l'heure !

Le matricule AZ-85 se lève de son lit et lui coule un regard en biais. Le gardien est trapu et porte la casquette bien enfoncée sur sa tête. La ceinture qui serre sa taille à tendance à le boudiner, ce qui ne l'empêche pas d'avoir des gestes précis et vifs et la matraque toujours à portée de main. Il affiche régulièrement un air bourru, à croire qu'il est toujours contrarié. Qu'est-ce que ce serait si c'était lui qui était derrière les barreaux ! Le prisonnier le déteste, bien sûr. Pourtant, il sourit et déploie des trésors de courtoisie en sa présence. Tout comme en la présence des autres geôliers qui sont en charge de son secteur. Ils sont nombreux. Le ratio est de trois prisonniers par maton alors que dans les autres centres de détention qu'il a eu le privilège de tester, il peut être de trente pour un.

Le prisonnier avance dans le couloir, l'allure décontractée. Dans sa tête cependant, des questions se bousculent.

« Est-ce celui-ci ? » se demande-t-il en pensant à l'homme qui le suit d'un pas martial. « Est-ce celui-ci ou est-ce un autre ? » « Va-t-il profiter de ce moment où nous ne sommes que tous les deux ? » « Parlera-t-il avant la fin du trajet ? » « Combien de temps encore à attendre ? »...

– Allez, au boulot ! lâche le geôlier en lui passant devant pour ouvrir la porte de l'atelier de confection d'uniformes.

Les espoirs du matricule AZ-85 fondent comme neige au soleil. Ce ne sera pas aujourd'hui. Du moins, pas avec ce gardien-là.

Le cœur lourd, le prisonnier se dirige vers le fond de l'atelier. Il bouillonne de rage à l'idée de la journée qui l'attend. Des heures durant il va devoir coudre des boutons sur des uniformes de l'armée américaine. Lui, coudre des boutons telle une mauvaise couturière ! Sa mère s'est épuisée à ce travail et tout son être se révulse de se voir ainsi réduit à cette misérable condition. Mais il n'en laissera rien paraitre. C'est un privilège de sortir de sa cellule. Il n'est pas question de gâcher cette chance. Tant pis si pour l'instant il doit ravaler colère et orgueil. Ceux qui lui imposent cette déchéance ne perdent rien pour attendre. Car désormais, tout est une question de temps.

Alors qu'il prend sa place dans la chaine de production, il jette un coup d'œil au détenu petit et chauve qui, non loin de lui, est déjà au travail. Il est arrivé récemment.

C'est par son intermédiaire que l'information lui a été communiquée. Alors qu'il était en train de mesurer du tissu, le petit chauve a laissé échapper son mètre. AZ-85 s'est immédiatement penché pour le ramasser. Ce genre d'incident dans ce genre d'endroit est rarement dû au hasard. Les quelques instants qu'a duré la remise de la règle ont été suffisants pour que le nouveau lui souffle à l'oreille : « *Autant en emporte le vent*, à la bibliothèque. »

Le matricule AZ-85 a compris aussitôt. Sa bande ne l'avait pas lâché. Ils avaient enfin trouvé un moyen d'évasion et avaient briefé un nouveau venu pour lui communiquer un message.

Alors il s'était mis à la lecture. D'une façon ou d'une autre, ses gars étaient parvenus à avoir accès au livre avant qu'il soit envoyé à la bibliothèque de la prison. Minutieusement, ils avaient parsemé les lignes et les pages de numéros écrits si discrètement au crayon à papier qu'il était impossible de les voir sans une lecture attentive. Mais ils n'avaient pas échappé à l'œil du matricule AZ-85 car jamais de sa vie il n'avait lu avec autant d'attention. Cela a réveillé en lui un brin de nostalgie. À New York, à l'école, il avait de bons résultats. Sa mère était fière de lui. « Tu réussiras dans la vie, Alphonse, répétait-elle avec son accent italien à couper au couteau. Un jour tu seras riche et, grâce à toi, tes huit frères et sœurs n'auront plus de soucis à se faire. » Il est vrai que si, à quatorze ans, il n'avait pas cogné sur une de ses professeurs, peut-être qu'il serait devenu avocat ! À cette idée, il ne peut s'empêcher de laisser échapper un rire qu'il étouffe vite sous une quinte de toux pour ne pas attirer l'attention.

Il n'est pas devenu avocat. Il a trouvé d'autres moyens pour devenir riche. Des moyens qui requièrent des études moins longues.

Pour introduire un fil dans le chas d'une aiguille, Alphonse ferme un œil, le gauche, celui qui se trouve du côté de sa cicatrice. Il est sûr que certains trouveraient que cela le fait ressembler à un monstre. Certains prétendraient même qu'il est un monstre.

Les gens jugent si facilement…

Le fil passe à côté. Il jure tout bas. Puis il se souvient que sa mère n'aime pas ce genre de langage. Et qu'elle humectait toujours le fil avant de l'enfiler. Il l'imite et, bientôt, il est d'attaque pour coudre le bouton de l'uniforme. Il repense avec émotion à sa *mamma* qui se démène avec son avocat pour le faire libérer depuis qu'il a été jeté en prison. Elle est extraordinaire, la *mamma*, elle fait preuve d'un amour indéfectible, mais ses actions, légales, sont limitées.

Parfois, il faut se résoudre à employer d'autres méthodes.

Une nouvelle fois, Alphonse balaye la pièce des yeux, son regard s'attardant sur les gardiens qui surveillent l'atelier.

Et chaque fois la question resurgit : « Est-ce lui ? »

9

Le front perlé de sueur, Matt se demande si sa vie a toujours été aussi compliquée et douloureuse. Une fois de plus, il a failli perdre connaissance car la vieille soigneuse n'a pas la main légère. Elle a versé sur la plaie un liquide qui a enflammé tout son buste et a déroulé ses langues de feu jusqu'au bout de ses ongles. Il a cru un instant qu'elle le marquait au fer rouge, comme un bœuf dans un ranch. Au moment où sa vision se troublait, il a repris pied grâce à des doigts effilés qui se nouaient aux siens. La paume fraiche de Jiao l'a maintenu dans la conscience.

– Je croyais que la tisane permettait de soulager la douleur, murmure-t-il.

– Oui, après. Grand-mère ne pouvait pas attendre. Il faut désinfecter la plaie au plus tôt.

Matt n'écoute plus vraiment ce qu'elle dit. Il serre les dents pour ne pas hurler de nouveau alors que l'aïeule recoud sa plaie en lâchant de petits commentaires par-ci, par-là.

– Tu as de la chance, traduit Jiao, la lame a été bloquée par l'omoplate. Tu ne vas pas avoir plus de deux points de suture.

S'il avait plus d'énergie, Matt lui rétorquerait qu'il en a un peu assez que tout le monde lui dise qu'il a de la chance. Qu'il aimerait en avoir un peu moins et que sa vie soit un peu plus simple.

Il sent qu'on lui applique un emplâtre et qu'on bande son épaule. Puis des paroles lancées en un mandarin rapide accompagnent une tape donnée sur sa tête. Jiao n'a pas besoin de traduire. Matt comprend que c'est fini. Son esprit libéré de cette épreuve, son obsession revient.

– Le Golden Gate Bridge. Il faut que je retrouve la fille-coccinelle, articule-t-il d'une voix faible.

Il tente de se lever. Constate que la brume revient soudain danser devant ses yeux. « Pourtant, le brouillard n'entre pas dans les maisons », s'étonne-t-il.

C'est sa dernière pensée consciente.

Ses paupières sont lourdes et c'est avec difficulté qu'il les soulève. La lumière du petit matin s'infiltre derrière les rideaux colorés. Il s'est évanoui quand il faisait encore jour. Il a donc dû dormir toute la soirée et toute une nuit. Il lui faut quelques minutes pour parvenir à se rappeler pourquoi il se trouve dans cette pièce à l'atmosphère si exotique. La mémoire lui revient. Et il se souvient… qu'il ne se souvient de rien. Ou de presque rien. Les derniers évènements lui reviennent sans problème à l'esprit.

Mais à part quelques visions fugaces, tout ce qui précède son réveil dans le cabinet du Doc' Martin est noyé dans l'oubli. Prudent, il esquisse un geste pour se redresser et constate avec surprise que son épaule est beaucoup moins douloureuse que ce qu'il redoutait.

Ses mouvements ne sont pas passés inaperçus. Jiao, assise sur le sol, la tête en appui sur ses bras croisés sur la table basse, se lève aussitôt.

– Comment vas-tu ? demande-t-elle d'une voix inquiète.

– Plutôt pas mal, constate Matt sans cacher son étonnement. Je pense que si je devais jouer au baseball, ce ne serait pas le meilleur match de ma vie, mais étant donné les circonstances, je m'en sors bien. Ta grand-mère a fait du bon boulot.

Le visage de Jiao s'illumine aussitôt.

– C'est une très bonne guérisseuse.

– Où est-elle ? interroge Matt en regardant autour de lui et en constatant qu'il a dormi sur la seule paillasse de la pièce. Je n'ai pas eu le temps de la remercier.

– Elle est chez moi, avec mon frère.

– Et toi, tu es restée…

– Il fallait bien que quelqu'un veille sur toi, commente-t-elle en haussant les épaules.

– Merci. Vraiment. Je suis désolé de t'avoir imposé ça.

– Ce n'est rien. J'ai l'habitude. Je l'ai fait pour mes parents quand ils étaient malades.

– Mais je ne suis même pas de ta famille.

Jiao répond avec une espièglerie toute nouvelle :

– Je ne voulais pas perdre un client fidèle.

Matt éclate de rire. La main sur le cœur, il déclame :

– Tu ne le regretteras pas. Je m'engage même à doubler ma consommation de dim sum.

– Eh bien alors autant commencer tout de suite. Il est essentiel de te restaurer si tu veux reprendre des forces.

À ces mots, Matt s'assombrit et il s'en veut d'avoir badiné ainsi alors qu'une vie est en jeu.

– Je n'ai pas le temps, dit-il en se relevant brusquement, il faut…

Il s'interrompt. Des étoiles dansent devant ses yeux.

Jiao est aussitôt à ses côtés.

– Je sais. La fille-coccinelle. Mais ce sera rapide. Je le promets. On pourra même manger en route. Par contre, tu dois te changer.

Effectivement, à moitié déchirée, la chemise empruntée au fils de Doc' Martin pendouille lamentablement sur le côté. Avec des gestes doux, Jiao l'aide à s'en débarrasser. Quand il se retrouve torse nu, c'est au tour de l'adolescent de se sentir embarrassé. Soudain, il se demande bien ce qu'il va pouvoir mettre. Comme par magie, Jiao fait alors apparaitre une tunique chinoise qu'elle avait déposée sur la table et qu'elle a utilisée comme coussin pour dormir.

– Elle appartenait à mon père, explique-t-elle, je l'ai récupérée hier soir chez moi.

– C'est… C'est très gentil… Merci. Merci beaucoup. J'espère que je serai en mesure de la rendre en bon état.

Si on s'en tient aux dernières vingt-quatre heures, il semblerait que je ne sois pas très soigneux avec mes vêtements.

– Ça n'a aucune importance. Ce n'est qu'un bout de tissu.

Tout en prononçant ces paroles, la jeune fille fait glisser une manche le long de son bras gauche, celui de l'épaule blessée. Puis elle récidive avec la droite. Cette manche-là, il aurait pu l'enfiler seul. Pourtant, il ne bouge pas et la laisse faire.

Un grand trouble l'envahit quand il se rend compte que la chemise est encore imprégnée de la chaleur de Jiao. La tentation de toucher la jeune fille le transperce comme une aiguille. Il esquisse un geste vers elle.

Puis il repense à la fille-coccinelle et sa main retombe le long de son corps.

– On y va ? finit-il par souffler.

Quelques instants plus tard et quelques rues plus loin, ils s'arrêtent devant un petit restaurant familial. Ses murs sont constitués d'un bardage en bois peint de couleur brique. Sur sa devanture, le Hang Ah offre dès le matin toute une sélection de délicieuses bouchées à la vapeur fourrées de porc et de crevettes, ainsi que des boules de sésame. On y trouve aussi des won ton frits et des petites brioches sucrées.

– Ils font les meilleurs dim sum de San Francisco, déclare Jiao.

– Je ne le crois pas un instant, affirme Matt. Les meilleurs, ce sont ceux que j'achète sur le quai des pêcheurs, après mon entrainement de baseball.

Les joues de Jiao rosissent légèrement, mais elle ne peut empêcher un sourire furtif de se dessiner sur ses lèvres.

Matt sourit en retour et, sans rien ajouter pour ne pas embarrasser davantage sa compagne, accepte de passer commande. Tout en dévorant le contenu d'un grand sac en papier rempli de délicieuses bouchées, ils rejoignent l'arrêt de tramway le plus proche.

La cloche ne tarde pas à résonner pour annoncer l'arrivée du *cable car*. Le wagon jaune et marron, tracté par le câble d'acier qui lui donne son nom, débouche à une allure soutenue de Nob Hill, la colline où les gens aisés de San Francisco sont installés.

– Tiens-toi prêt ! prévient Jiao, il faut…

– … sauter en route, termine Matt à sa place.

Le tintement de la cloche a réactivé la voix grave qui parle dans sa tête. « Attention, lui a-t-elle rappelé, le conducteur ralentit à peine à l'arrêt ! » Matt se souvient de la sensation grisante d'être soulevé dans les airs par deux bras puissants. Une fois dans le véhicule, entouré d'une forêt de jambes, il s'accroche au pantalon de son père. Cela brinquebale, gîte, roule, grince. C'est le plus amusant des manèges.

Aujourd'hui, cela brinquebale toujours autant. Le véhicule de bois couine aussi à chaque aiguillage. Carré dans un coin pour protéger son épaule, Matt déclare :

– Dès que je serai à proximité du Golden Gate Bridge, tu peux me laisser. Je me débrouillerai. Tu dois avoir du travail…

– Je resterai tant que tu n'as pas retrouvé la mémoire, réplique Jiao d'un air déterminé.

– Je ne veux pas que tu prennes des risques.

– La vie est un risque. La seule façon d'être à l'abri des risques, c'est d'être mort. Or, je suis encore vivante.

Vivante, elle l'est assurément. Matt peut en témoigner de mille manières.

Ses reparties, aussi percutantes que ses poings, le prennent d'ailleurs souvent au dépourvu. Cette fois encore, il ne trouve pas d'argument à lui opposer.

L'entrée de la baie se profile devant eux. Le véhicule s'engage dans un virage serré en grinçant. Tous les passagers sont précipités les uns contre les autres. Malgré un reste de douleur qui se réveille dans son épaule, Matt ne s'en plaint pas. Car pendant quelques instants il pouvait sans culpabilité ou presque sentir le corps de Jiao pressé contre sa poitrine.

Le *cable car* reprend sa trajectoire en ligne droite et ses passagers une posture verticale. Seules les pensées de Matt poursuivent leur chemin hasardeux. Pour chasser la gêne qui l'envahit, il interroge sa compagne :

– Comment se fait-il que tu saches te battre avec autant d'efficacité ?

Pour une fois, le visage de Jiao se met à rayonner sans aucune modestie.

– Mon père était grand maitre de Choy Li Fut, un art martial apparu en Chine au siècle dernier. Il enseignait à de nombreux élèves. On disait de lui qu'il pouvait défaire le temps et l'espace tant ses mouvements étaient fluides et rapides. Dès que j'ai su marcher, je l'ai suivi à la salle d'entrainement. C'est lui qui m'a tout appris. Il voulait que je puisse me défendre.

– Tu fais plus que te défendre. Tu défends aussi les autres. J'en sais quelque chose. Il serait fier de toi…

Jiao laisse échapper un petit soupir.

– C'est mon souhait le plus cher. Il répétait toujours : « Le poing doit s'utiliser correctement pour punir les criminels et éliminer la violence. »

– Et c'est exactement ce que tu as fait…

Le regard de la jeune fille se perd dans l'océan qui apparait le long du quai des pêcheurs.

– Il me manque… Et ma mère aussi. C'est elle qui m'a appris à cuisiner. C'est elle aussi qui est tombée malade la première. Mon père a suivi. Malgré toute sa maitrise du corps, la grippe est un ennemi contre lequel il était désarmé.

La tristesse et la souffrance qui transparaissent dans sa voix font vibrer une corde en Matt. Cette tristesse, cette souffrance, il les a expérimentées. Elles l'assaillent brutalement à nouveau. Quel sentiment étrange de se sentir orphelin de parents dont on ne se souvient pas…

Alors qu'il est plongé dans ses sombres pensées, le wagon de bois s'engage dans une autre courbe, dévoilant de nouvelles perspectives.

Et soudain, le voilà qui surgit ! Le pont, ce fameux pont qui hante sa mémoire, apparait dans toute sa splendeur matinale.

10

La bête est exactement comme dans ses souvenirs. Gigantesque, vertigineuse, monstrueuse... et somptueusement orange.

Le duo d'adolescents saute du tramway à l'arrêt suivant.

Alors que Matt s'approche de la structure, des frissons parcourent son échine. Les pylônes s'envolent tout là-haut, à plusieurs centaines de mètres, et se perdent dans la brume. Les haubans s'étirent, telle la toile d'une gigantesque araignée d'acier.

Au moment de s'engager sur le pont, Jiao ralentit puis finit par s'arrêter. Elle se rend compte que ce moment, Matt doit le vivre seul.

Ce dernier continue d'avancer sans même s'apercevoir qu'elle n'est plus à ses côtés. Il n'entend que ses pas qui résonnent sur la structure métallique, ignore jusqu'aux ronflements des véhicules qui se croisent sur la chaussée, à faible distance du couloir réservé aux piétons. Il est

« là », mais plus vraiment « maintenant ». En lui, un vent se lève. Un vent qui traverse sa mémoire, réveille émotions et souvenirs. Il y a peu, il a parcouru ce même chemin. C'était au petit matin, quand la ruche dort encore. Son corps s'en souvient. Mais il courait alors. Sans y penser, ses jambes accélèrent. Sa foulée retrouve le rythme de cette course. Il sait qu'elle est importante. Vitale. Son cœur s'emballe. La peur, l'angoisse, l'inquiétude pour... Alors qu'il est au maximum de sa vitesse, le voile, dans sa mémoire, se déchire enfin. Ce n'est pas pour lui qu'il a peur. Ce n'est pas pour sa sécurité qu'il s'inquiète.

– Mary !

Il crie ce prénom comme si sa propriétaire pouvait l'entendre. Des gens se retournent mais il n'en a cure. Il court à se faire éclater les poumons. Il court, même s'il sait qu'elle n'est plus là depuis longtemps. Arrivé à mi-chemin de la traversée de la baie, il s'arrête. C'est ici. C'est ici que Mary se tenait. Au bord du gouffre.

La tête lui tourne. Il se retient aux filins. Avec la mémoire, toute la succession d'évènements qui ont mené jusqu'au drame a resurgi. Il se demande maintenant si savoir n'est pas pire qu'ignorer. Pourtant, il y a quelques jours à peine, sa vie était des plus agréables. Bien sûr, à l'époque, il ne l'aurait jamais admis. Comment l'aurait-il pu ? Il n'en avait même pas conscience.

Il se revoit ce matin-là dans la cuisine, en train d'avaler un bol de porridge, comme il le fait chaque jour avant d'aller prendre son poste de livreur. Il est sept heures. Son père est absent. C'est normal, il ne rentre que le week-end et encore, pas toujours. Son père, l'homme à la voix grave. Une fulgurance de joie le traverse à l'instant où cette pensée jaillit : son père est vivant. Ce n'est pas à lui qu'il doit de connaitre la souffrance de l'orphelin.

Le film continue à se dérouler... Il entend Mary qui descend les escaliers.

– Hé ! Matthew ! Que penses-tu de ma nouvelle jupe ? lance-t-elle. Je me suis couchée à minuit passé pour la finir !

Le tissu, rouge à pois noirs, est à la mode, lui explique-t-elle non sans fierté. Le vêtement lui va bien. La coupe souligne sa taille fine. À quinze ans, Mary est une vraie jeune fille. Beaucoup plus qu'il ne se sent lui-même un vrai jeune homme. Ils sont nés le même jour. Ne se sont jamais quittés. La maladie de leur mère les a rapprochés. Sa mort les a soudés.

Au souvenir de cette époque, le naufragé presse sa main contre son cœur. Il tente de comprimer la douleur de la perte qui vient de l'envelopper brusquement, telle une couverture brûlante. Voilà la source de son empathie pour Jiao. Il se rappelle les heures passées au chevet de la malade. Ils assuraient un roulement pour qu'elle ne se sente jamais abandonnée. Mais aussi inéluctablement que l'eau s'échappe du poing serré, la vie lui a glissé entre les doigts. Ils n'avaient pas de mots pour exprimer leur détresse. Finalement, ce sont eux qui se sont sentis abandonnés. Le père est reparti au travail, enchainant les jours d'absence. Matt et Mary ont dû faire face, seuls. Ce deuil les a à jamais unis. Plus qu'aucune joie ne l'aurait fait.

Mais à quinze ans, cela ne s'avoue pas.

Ce matin-là, plutôt que de reconnaitre qu'elle est jolie avec ses longs cheveux retenus par un bandeau coloré, Matthew préfère la taquiner.

– Pas de chignon aujourd'hui ? Il va y avoir des vermicelles bruns dans la soupe de la pension Adler ce soir !

Mary hausse les épaules.

– Je le ferai avant d'arriver dans les cuisines, sinon Mme Adler piquerait une crise. Mais je ne te parlais pas de ma coiffure, là. Alors, qu'est-ce que tu dis de ma jupe ?

– On dirait une coccinelle.

Mary lève les yeux au ciel.

– T'es un vrai cornichon ! commente-t-elle sans se laisser affecter.

Elle met de l'eau à bouillir pour se préparer un thé. Au moment où elle ouvre le placard pour en sortir une tasse, on frappe à la porte.

Les jumeaux échangent un regard étonné. Qui peut bien venir toquer à cette heure si matinale ? Un voisin, peut-être, en panne de lait pour le petit-déjeuner ?

Les jumeaux habitent une maison bleue accrochée à la colline. Celle de gauche est vert et blanc, celle de droite en briques roses. L'ambiance du quartier est aussi chaleureuse que les façades sont colorées. On s'entraide souvent.

Mary va ouvrir. De toute façon, chez eux, on ne ferme jamais à clé.

Matthew entend soudain la porte qui percute le mur. Un cri, celui de sa sœur, vite étouffé. Il bondit de sa chaise qui valdingue sur le sol, mais n'a rien le temps de faire. Deux hommes ont surgi au même moment dans la cuisine, l'arme au poing. Un troisième pousse sa sœur en avant tout en maintenant sa grosse patte velue sur sa bouche.

– Tu cries, elle trinque ! lâche le plus petit des gangsters.

Car voilà bien ce que sont ces hommes. Des gangsters. Identiques à ceux qu'on voit dans les journaux. Le borsalino incliné sur le front et le revolver à la main. Matthew devine même le holster sous leur élégante veste à fines rayures noires.

– Toi et ta sœur, vous allez nous suivre bien gentiment, ordonne toujours le même.

Il semble être le chef, malgré sa taille et une paupière tombante. Il a un accent marqué. Il n'est pas de San Francisco, c'est sûr. Son débit est trop rapide, ses consonnes trop sonnantes.

– Que nous voulez-vous ? demande Matt.

– Aucun mal pour l'instant, gamin, ricane-t-il. Et si votre papa sait se montrer compréhensif, tout ira bien pour vous.

À ces mots, le sang de Matthew se glace. Il fixe sa sœur qui lui retourne un regard affolé. Elle aussi a compris.

– Mon père ne vous obéira jamais ! clame-t-il.

Les gangsters rigolent. On dirait qu'il vient de raconter une blague. Ils se tournent vers leur chef.

– Jo, dis-leur !

– Ouais, renchérit le plus baraqué, celui qui maintient Mary. Dis-leur comme les pères deviennent obéissants quand ils commencent à recevoir leurs enfants en petits morceaux. Un doigt, un orteil, une oreille…

– Ah ah ! s'exclame son acolyte qui a le visage criblé de taches de rousseur, t'es un poète, Bill ! Tu fais des rimes !

– Vos gueules ! aboie Jo. C'est moi qui cause !

Aussitôt les autres se taisent. Il a de l'autorité, Jo.

– Allez, on y va ! ordonne-t-il. Et toi, pas un cri sinon ton frère y passe, menace-t-il à l'intention de Mary, t'as compris ?

La jeune fille hoche la tête et Bill la relâche.

En quelques secondes, ils se retrouvent dans la rue pentue qui mène à la mer et que les tramways réussissent à grimper presque miraculeusement plusieurs fois par jour. Une grosse berline noire garée juste devant la maison les attend. Peu de monde encore sur les trottoirs, mais de toute façon, aucun des jumeaux n'ose broncher. Même si elle est dissimulée dans la poche d'une veste de costume, chacun d'eux a parfaitement conscience qu'une arme est pointée dans leur dos.

Ce matin-là, comme si souvent, la brume envahit la baie de San Francisco pour monter à l'assaut des collines. Feux allumés, la berline plonge dans cette mer de coton et prend la direction de l'océan. Quand elle longe le quai des pêcheurs, ses phares éclairent les silhouettes des baraques de vendeurs de clam chowder et autres plats à emporter.

À cette heure-ci, les rideaux métalliques sont encore baissés. Seuls les marins et les dockers s'activent déjà.

– Qu'est-ce que c'est que ce pays pourri ? grogne Bill. On est en juillet en Californie ! Il devrait faire un soleil à griller des saucisses sur le parechoc.

– Arrête de râler, rétorque Jo, pour nos activités, c'est tout bénef !

– Ouais mais quand même, insiste-t-il, je pensais bien qu'on aurait plus de soleil qu'à Chicago...

Mary et Matt échangent un regard inquiet. Ainsi donc leurs kidnappeurs viennent de l'Illinois. Faut-il qu'ils soient motivés pour parcourir les milliers de kilomètres qui séparent les deux États !

La voiture poursuit son chemin. Voilà qu'elle dépasse le fort Mason pour se diriger vers l'ouest de la baie. La berline tourne et s'engage dans la zone des docks. Elle continue jusqu'à en atteindre l'extrémité, au pied du Golden Gate Bridge. Là, de vieux entrepôts abandonnés attendent d'être détruits, à plus d'un kilomètre du nouveau site où l'activité portuaire bat son plein. Celle-ci produit un bruit infernal entre fracas de métal entrechoqué, cris des dockers et sirènes des bateaux. C'est sûr, il peut se passer n'importe quoi dans ces entrepôts abandonnés, personne n'entendra rien.

Le véhicule se gare enfin devant un des hangars.

– Allez les gosses, c'est là qu'on descend !

– Nous ne sommes pas des gosses ! s'insurge Matt.

Les gangsters éclatent de rire sans daigner lui répondre. Puis, d'une poussée brutale, Bill les force à sortir de la voiture. Toute résistance serait inutile, d'autant plus que les hommes, sûrs d'être à l'abri des regards, ne prennent même pas la peine de cacher le pistolet qu'ils braquent sur les jumeaux.

Alors qu'ils franchissent les quelques pas qui séparent la voiture du bâtiment, le rideau de brume se déchire. Matthew a juste le temps d'apercevoir au loin les contours sombres d'une île. Ce n'est d'ailleurs pas vraiment une île. Plutôt un rocher. Un caillou gigantesque que les hommes ont décidé d'investir pour bâtir de hauts murs. Des murs aux fenêtres barrées d'acier.

Alcatraz.

La prison dont on ne s'évade pas.

« Papa », appelle-t-il silencieusement.

Seul le ricanement d'une mouette lui répond tandis que les gangsters les propulsent, lui et sa sœur, à l'intérieur.

11

Il fait sombre et humide dans l'entrepôt. Les murs et le toit sont faits de tôle ondulée rivetée. Le sol, de terre battue. À l'exception de vieux cartons stockés dans un coin qui se décomposent à cause de l'humidité, le hangar est entièrement vide. Sur la dizaine d'ampoules nues suspendues au plafond, seules deux dispensent un faible éclairage.

– Bien, on va commencer doucement, déclare Jo, je n'aime pas la violence et le gâchis. Une si jolie fille, ce serait dommage de l'abimer.

Il contemple Mary avec une admiration qui a presque l'air sincère. La jeune fille, bien que très pâle, soutient son regard. Matthew est fier de sa jumelle. Et terrorisé à la fois. Il tremble pour elle. Mais dans un premier temps, ses craintes sont injustifiées. Jo leur demande juste d'écrire chacun une lettre suppliant leur père de faire ce qu'on lui dira. Ils saisissent le papier et le crayon qu'on leur tend et, utilisant tour à tour le dos de l'autre comme support, ils s'exécutent malgré leur réticence. Jo a été parfaitement clair : s'ils ne se plient pas à cette exigence, leur jumeau en paiera le prix.

Le gangster récupère les feuilles et relit le texte pour s'assurer qu'il correspond à ce qu'il vient de leur dicter.

– Bien, bien, fait-il sans cacher sa satisfaction, c'est très bien, vous êtes de bons petits. Maintenant, il est vrai que votre père aura peut-être besoin de quelques arguments supplémentaires. On m'a dit qu'il pouvait se montrer entêté...

Il sort un couteau à cran d'arrêt de sa poche. Une pression sur un bouton, et la lame apparait. Il s'approche de Mary. Le visage de cette dernière est exsangue. Matthew ressent son angoisse comme si c'était la sienne.

– Ne la touchez pas ! hurle-t-il en tentant de s'interposer, mais Bill l'immobilise d'une clé de bras.

Jo ricane, il suit de sa lame le contour des joues si lisses. Puis soudain, avec la vitesse d'un cobra qui fond sur sa proie, il déclenche l'attaque d'un mouvement du poignet. L'acier rase l'oreille et coupe une mèche de la chevelure brune.

– Et voilà, dit Jo avec satisfaction, papa sera si content de caresser les cheveux soyeux de sa fifille...

Ses complices éclatent de rire. Les poumons de Matthew se remettent alors à fonctionner. Sa respiration s'était bloquée sans qu'il s'en rende compte.

Enfin les gangsters les abandonnent dans l'entrepôt. Il n'y a pas de fenêtres. La porte refermée, le frère et la sœur se retrouvent seuls. Quand la serrure se verrouille dans un bruit métallique, Matthew serre déjà Mary dans ses bras.

– Ça va aller, assure-t-il sans y croire lui-même, papa fera ce qu'ils voudront.

Mary semble tétanisée. Elle ne tremble même pas.

– Qui aurait jamais pensé qu'on se retrouverait un jour, nous, prisonniers ? murmure-t-elle.

Matthew décide de réagir. Ils ne doivent pas se laisser glisser sur la pente du désespoir, sinon, ils sont perdus.

– C'est sûr qu'avec un père gardien de prison, la situation ne manque pas de sel, ironise-t-il.

Mary se fige et lui lance un regard outré.

– Comment peux-tu faire de l'humour dans de telles circonstances ? s'indigne-t-elle.

Matt ne s'excuse pas, bien au contraire. Il est heureux d'avoir provoqué une réaction chez sa sœur. Tout est mieux que l'apathie qui l'avait envahie. Car ce n'est pas le moment de baisser les bras. L'heure est au combat, non à l'apitoiement sur soi-même.

– Écoute sœurette, la situation est simple. Tu l'as entendu aussi bien que moi : ces gars arrivent directement de Chicago. Or parmi les « clients » de papa, je ne vois qu'une personne venant de cette ville qui puisse avoir des soutiens prêts à tout pour le faire libérer.

Mary secoue la tête pour nier l'évidence qui s'impose à elle. C'est trop énorme. Trop effrayant.

– Tu ne veux... Tu ne veux pas dire qu'ils sont là pour...

Elle s'interrompt, n'osant prononcer le nom terrible qui a, pendant des années, donné des cauchemars à tous les États-Unis. Matthew ne prend pas de gants.

– Évidemment qu'ils sont là pour Al Capone !

Al Capone, alias Scarface[1], celui qui a décroché le titre tant redouté d'ennemi public numéro un. Avec sa bande, il a fait de Chicago une ville sans foi ni loi, tuant ou faisant tuer tous ceux qui osaient lui résister. Son influence était si étendue que même après son arrestation, il continuait de diriger ses activités criminelles depuis la prison. C'est pour ça que la décision de le transférer à Alcatraz a été prise. Loin de son réseau de malfaiteurs et des gardiens de prison corrompus, les juges comptaient bien le mettre enfin hors d'état de nuire.

La mesure s'est révélée efficace. Les gardiens d'Alcatraz sont incorruptibles. Les jumeaux le savent bien. Leur père en est assez fier et le répète à longueur de journée !

Mais qu'en sera-t-il si la vie de ses enfants est en jeu ? Résister à l'attrait de l'argent, c'est une chose. Perdre son fils ou sa fille en est une autre.

Leurs réflexions ont suivi le même chemin. Mary est la première à reprendre la parole. Avec un débit haché, elle chuchote :

– Même si papa cède, je ne donne pas cher de notre peau. Les kidnappeurs n'ont pas pris la peine de dissimuler

1. Le balafré.

leur visage. Tant que nous serons en vie, nous pourrons les identifier. Ce serait trop dangereux.

Matthew y a pensé aussi mais espérait que sa sœur ne le réaliserait pas.

– Ils vont… ils vont…, poursuit cette dernière sans pouvoir terminer sa phrase.

Matt s'approche d'elle et lui saisit la main. Plongeant les yeux dans les siens, il affirme avec toute l'assurance dont il est capable :

– Ils ne vont rien faire parce qu'on ne va pas attendre qu'ils reviennent. On va se tirer de là le plus vite possible !

– Se tirer ? Mais comment ? Tu ne t'appelles pas Merlin et je ne suis pas la fée Morgane !

– Peut-être pas. Mais qui ne tente rien n'a rien. Et nous ne sommes pas à Alcatraz. J'ai toujours adoré quand papa me racontait les tentatives d'évasion de ses prisonniers. J'en ai retenu qu'il faut être à l'affût de chaque détail et faire preuve d'imagination. Commence à faire le tour de l'entrepôt en tâtonnant le long des murs. Le hangar est ancien. Essaie de voir si une tôle est disjointe ou un rivet mal positionné… Moi, je vais tester la solidité de la porte.

Ces paroles semblent avoir donné un coup de fouet à Mary. Sans argumenter, elle se dirige vers la paroi la plus proche et commence à l'inspecter. Matthew sait que sa sœur est minutieuse et méthodique. S'il y a une faille, elle la trouvera.

Quant à lui qui est sportif et musclé, il va utiliser sa force pour essayer de faire céder la porte.

Il prend son élan et décoche un grand coup de pied dans la serrure. Toute la façade vibre en laissant échapper une plainte assourdissante. Matt craint un instant de voir les gangsters se précipiter pour voir ce qu'il se passe, mais il n'y a pas de réaction. Les hommes d'Al Capone ont dû quitter les lieux. Rassuré, l'adolescent reprend ses coups de pied. Le tintamarre est effroyable et les espoirs de Matt sont à la hauteur de la nuisance sonore. Assurément, à force de geindre ainsi, cette porte va céder !

Il a cependant beau frapper encore et encore, la serrure tient le coup et le battant de tôle ondulée résiste à ses assauts. Les pieds et les muscles douloureux, Matt finit par abandonner cette piste et rejoint sa sœur dans son exploration. Hélas, après des heures de quête minutieuse, ils s'effondrent côte à côte, dos aux panneaux d'acier. Rien. Pas la plus petite faille, pas la moindre ouverture possible. Les gangsters ont bien choisi leur prison.

– Et maintenant, qu'est-ce qu'on fait ? souffle Mary d'une petite voix.

Matt se racle la gorge. Ce n'est pas le moment de flancher, ni de laisser les doutes qui commencent à l'envahir transparaitre dans ses propos.

– Bon, on a pas mal débroussaillé le terrain, commence-t-il. On sait maintenant que ce n'est pas avec cette méthode qu'on va trouver un moyen de s'évader. C'est assez positif, on a déjà éliminé une piste de réflexion.

Mary le fixe avec des yeux ronds.

– Tu es sérieux, là ?

Matt cale son dos bien droit contre le mur pour montrer qu'il est très sûr de lui. Certes, Mary le prend pour un dingue, mais au moins, pendant ce temps, elle ne s'inquiète pas.

– Évidemment ! Maintenant, je vais pouvoir me concentrer sur d'autres possibilités...

Il joue si bien son rôle que Mary est ébranlée. Il fait preuve d'une telle assurance qu'elle finit par lui faire confiance.

– OK, je te laisse réfléchir, finit-elle par dire.

Matthew s'y met immédiatement. Il se creuse les méninges pour trouver un plan qui leur permettrait de sortir de ce fichu entrepôt.

Le silence s'installe. Le temps passe. La nuit est tombée.

Soudain, dans un bruit de ferraille rouillée, la serrure joue et la porte d'acier coulisse...

12

Leurs geôliers sont de retour. La porte s'ouvre avec un grincement sinistre et deux silhouettes s'introduisent dans le bâtiment. Il s'agit de Jo et du rouquin. Bill le baraqué manque à l'appel. Il n'a cependant rien dû lui arriver de grave car ses complices ont l'air plutôt satisfaits. Tout en s'approchant des jumeaux, ils se tapent sur l'épaule en plaisantant. L'humeur est au beau fixe.

Dans un même mouvement, le frère et la sœur se sont mis debout. À côté de Matthew, Mary frissonne. Il serre sa main fort pour lui transmettre le peu d'espoir qu'il lui reste.

– Ça va les mômes ? demande Jo.

Aucun des jumeaux ne répond.

– Pas la peine de faire la gueule, poursuit le gangster, on vous a amené de quoi becter ! Les choses se présentent bien. Votre papa est intelligent. Quand il est rentré du travail, il nous a trouvés confortablement installés dans votre joli salon. Il était un peu surpris, bien sûr, mais quand on lui a expliqué qu'on prenait soin de vous, il a tout de suite compris qu'on avait tous intérêt à ce que les choses se passent au mieux…

Sur le tas de cartons qui traine, le rouquin pose deux portions de fish and chips entourées de papier journal.

Jo continue de discourir.

– … Pour l'instant, il est en train de faire connaissance avec Bill. C'est une bonne nounou, Bill, il ne va pas le quitter des yeux, vous pouvez en être sûrs ! Si votre papa est sage, Bill le raccompagnera jusqu'à l'embarcadère pour qu'il puisse reprendre, comme prévu, son poste à Alcatraz après-demain. Et ne vous en faites pas. Il va être sage, votre papa. Il semblerait qu'il tient pas mal à ses bambins. Figurez-vous qu'il a même versé une larme en lisant vos petits mots et en serrant la mèche de sa fille contre son cœur. Qu'est-ce que c'était émouvant !

– Vous êtes des salauds, siffle Matt hors de lui.

Sa colère amuse les gangsters au plus haut point.

– Ttt ! fait le rouquin en agitant son doigt comme un respectable maitre d'école, en voilà un langage pour un jeune homme bien élevé !

Matt lâche la main de sa sœur pour se jeter sur l'homme. Mary le retient par le bras au moment où Jo sort son arme.

– Non Matt !

– Tout doux mon garçon, on va se calmer bien vite si on ne veut pas que sa charmante sœurette soit transformée en passoire.

Malgré sa colère, Matthew est bien obligé de se contrôler. Les poings serrés, les bras tendus le long du corps, il fixe le gangster avec un regard assassin. Jo ne s'en formalise pas.

– C'est bien d'avoir du caractère, d'être courageux, commente-t-il, il faut juste se souvenir d'un principe de base : si tu veux vivre quelques années encore, ne t'en prends pas à plus fort que toi. Toute la rage du monde n'a jamais stoppé une seule balle.

– C'est vous qui ne savez pas à qui vous vous attaquez, s'insurge l'adolescent, le plus fort n'est pas toujours celui qui tient l'arme.

À nouveau, sa répartie provoque une explosion de rires. Quand il s'est un peu calmé, Jo s'adresse à Mary :

– Dis donc, il est drôle ton frère ! Il a un vrai talent de comique. Faudrait qu'il songe à devenir clown.

Sans laisser aux jumeaux le temps de répliquer, il enchaine :

– Heureusement que votre papa est plus sérieux et qu'il a promis de faire tout ce qu'on lui a dit. En même temps, on n'est pas vraiment exigeants. Il a juste une consigne très simple à suivre : il lui suffit de faire passer à un de ses prisonniers un petit paquet qui devrait lui être bien utile. Comme ça, si le papa qui aime ses enfants reste bien obéissant et ferme les yeux au bon moment, notre boss devrait pouvoir se faire la malle sans trop de difficulté.

– Même s'il parvient à sortir de sa cellule, argumente Mary, il ne pourra pas rejoindre la côte. Elle est à plus d'un mile, l'eau est froide et les courants mortels. Tous ceux qui ont tenté la traversée y ont laissé leur peau.

Jo tapote la tête de la jeune fille avec paternalisme. Cette dernière se raidit pour ne pas trembler. Matthew se consume d'une rage impuissante.

– C'est gentil de t'inquiéter pour la santé de notre boss, ma belle, se moque l'homme de Chicago, sauf que c'est pas nécessaire. Il n'aura pas à jouer au poisson rouge. On sera là pour réceptionner le colis, nous !

– Heureusement d'ailleurs, renchérit son acolyte en laissant échapper un rire gras, car il doit nager comme un caillou !

– Bon, c'est pas qu'on s'ennuie, reprend Jo, mais on va aller tenir compagnie à Bill. Les lits chez vous sont plus confortables qu'ici.

Matthew, cette fois, refuse de céder à la provocation. Contrôlant sa voix, il demande calmement :

– Et vous comptez nous garder combien de temps encore ?

Jo fait semblant de réfléchir avant de répondre avec un sourire pervers :

– Le temps qu'il faudra mon gars, le temps qu'il faudra…

Sur ces paroles, il porte le canon de son arme à son chapeau pour saluer les jumeaux. Puis il tourne les talons, aussitôt imité par le rouquin. Avant de verrouiller la porte derrière eux, il lance encore :

– Dormez bien mes poussins, on reviendra tôt demain matin.

13

Mary se rassoit et se met à pleurer doucement. Son frère récupère les portions de fish and chips, la rejoint et lui en tend une.

– Mange ! l'encourage Matthew.

Elle secoue la tête sans cesser de verser des larmes.

– Pourquoi ? demande-t-elle entre deux sanglots. À quoi ça sert si on doit mourir bientôt ? Tu as vu comme il a souri lorsque tu lui as demandé quand il nous relâcherait ?

– Tant qu'il y a de la vie, il y a de l'espoir. Allez, mange, je te dis.

Sa sœur finit par obéir, mais, la tête penchée en avant, ses longs cheveux se collent à ses joues mouillées. Elle n'a pas l'habitude de les porter détachés. Avec une dextérité née d'une longue pratique, elle les remonte d'une main sur sa tête. Puis elle sort une pince et des épingles de la poche de sa jupe pour maintenir son chignon en place.

En la voyant faire, Matthew laisse tomber la frite qu'il tenait entre ses doigts.

– Tu as des épingles ? s'exclame-t-il.

– Bien sûr que j'ai des épingles !

– Tu ne me l'avais pas dit !

Mary dévisage son frère avec perplexité. C'est bien la première fois que ce sujet le passionne !

– Je ne te l'avais peut-être pas dit *explicitement*, réplique-t-elle, mais je t'ai bien dit ce matin que je me recoifferais en arrivant à la pension Adler… Comment j'aurais fait sinon ?

Ça, c'était bien le dernier des soucis de Matthew au moment du petit-déjeuner ! Les cheveux des filles, c'est un univers qui le dépasse. Il ne cherche pas à en savoir davantage. Soudain, de nouvelles perspectives s'ouvrent à lui. Sur sa demande, Mary lui confie deux épingles. Il rejoint aussitôt la porte de l'entrepôt. Il s'agenouille devant la serrure, plie la première épingle en L et écarte l'autre. Puis il introduit cette dernière dans le cylindre métallique. Sa sœur l'a suivi. Elle a compris.

– Tu crois vraiment que c'est possible ? chuchote-t-elle.

– On le saura bientôt. Un jour, papa m'a raconté qu'un des prisonniers avait réussi à ouvrir ainsi la porte de sa cellule. Bien sûr, ça ne lui a pas servi à grand-chose puisqu'il s'est noyé ensuite dans la baie, mais comme j'étais curieux, papa m'a expliqué comment le fuyard s'y était pris.

Oui, son père lui a expliqué comment le prisonnier avait procédé. Cela l'avait fasciné à l'époque et il s'était promis d'essayer cette technique un jour. Puis il avait pensé à autre chose et n'avait jamais tenté l'affaire. Il le regrette aujourd'hui amèrement. Car de la théorie à la pratique, il y a de nombreuses heures d'échec. C'est ce qu'il découvre à ses dépens au cours de cette nuit longue et angoissante.

Échec… Échec… Échec…

Les épingles glissent, dérapent, les goupilles qui doivent être soulevées une à une retombent quand un geste maladroit relâche la pression sur l'épingle en L. Les doigts de Matthew sont pris de crampes. Il doit s'arrêter, faire une pause avant de recommencer. Mary s'est endormie tout près de lui. Quand les premiers rayons du soleil filtrent par le contour de la porte, le cœur de Matthew s'emballe. « Ils » ont dit qu'ils reviendraient au petit matin…

Des gouttes de sueur coulent le long de ses tempes. Il faut y arriver. Il doit y arriver !

Et tout d'un coup, ce qu'il espérait tant se produit ! L'épingle glisse en douceur jusqu'au fond du barillet. Matthew n'y croit pas. Il tourne pourtant le poignet. Le battant s'ouvre, la lumière du jour entre à flots et réveille Mary.

– Tu as réussi !

Elle se lève d'un bond, retrouvant toute son énergie. Le chignon s'en ressent. En manque d'épingles, il s'écroule et les cheveux bruns, soulevés par le vent, dansent autour du visage de la jeune fille.

Elle saisit la main de son frère qui ressent soudain la fatigue et les courbatures provoquées par la position inconfortable qu'il a dû maintenir toute la nuit. Elle l'entraine dans cette aurore dorée. Mary s'élance. Mary vole. Il suit péniblement.

En bout de quai, elle s'arrête brutalement. Son jumeau manque de la percuter.

– Mais que…

Elle fait volte-face et l'entraine à nouveau.

– Cours Matthew, cours ! Ils sont là ! Ils arrivent !

Matthew obéit. Il court. Un coup d'œil par-dessus son épaule le confirme : ils sont là, à leurs trousses !

Désormais, une seule possibilité de liberté s'offre à eux : le Golden Gate Bridge.

Les ballerines de Mary frôlent avec légèreté le pont d'acier tandis que les godillots de Matthew le font sonner comme un glas. Mais qu'importe. Le pont est désert et de toute façon, les gangsters ne peuvent les perdre de vue.

Et puis la catastrophe. Le pied de Mary bute contre un des rivets qui parsèment le trottoir. Elle se tord la cheville et pousse un cri de douleur. Elle ne peut plus avancer, malgré l'aide de son jumeau. Il souffre pour elle.

– Va-t'en ! hurle-t-elle. Sinon ils vont te reprendre !

– Si je pars, c'est toi qu'ils vont reprendre !

– Mieux vaut un que deux !

– Non ! Jamais je ne t'abandonnerai entre leurs mains !

Alors Mary se redresse, elle serre les dents et boitille jusqu'à la rambarde du pont.

– Qu'est-ce que tu fais ? s'écrie Matthew.

Sans répondre, elle se hisse grâce aux filins qui partent du garde-corps. Son frère se précipite mais elle le repousse.

– Pars ! Sauve-toi, sinon je saute !

Son visage est terrifié mais déterminé. Matthew ressent chacun des battements de son cœur, chacune de ses émotions. Les cheveux de Mary sont fous. Ils décrivent des arabesques, se tendent et se détendent. Sa jupe n'a jamais ressemblé davantage à une coccinelle qui voudrait ouvrir ses ailes.

Dans son dos, Matthew entend le galop des gangsters qui se rapprochent. Mary se penche, supplie, menace.

Il ne veut pas partir. Il ne peut pas. Il monte à son tour sur la rambarde, se retourne. Jo a déjà son arme au poing, il vise Mary. Matthew se jette entre sa sœur et les gangsters.

– Noooooon ! hurle-t-il au moment où l'homme d'Al Capone appuie sur la détente.

Une douleur vive à la tempe. Le gangster avait raison. Le courage ne protège pas des balles.

L'adolescent perd l'équilibre en même temps que la conscience.

14

Matthew cligne des yeux. Le retour au présent est terrible. Lui, il a miraculeusement survécu. Mais qu'en est-il de sa sœur ? Pendant quelques instants horribles, il imagine le pire. Et si elle était tombée, elle aussi ? Et si elle avait reçu une autre balle ? Son estomac se retourne à ces idées et il manque de rendre son petit-déjeuner là, sur le tablier du majestueux Golden Gate Bridge. Il s'efforce de se reprendre. De laisser la logique prendre le pas sur les émotions. Une logique à part, que seuls les jumeaux peuvent pratiquer. Si sa sœur n'était plus de ce monde, il le sentirait dans ses tripes, il le saurait dans son cœur. Voilà, il faut qu'il s'accroche à cette conclusion. Mary est vivante. Assurément encore dans cet affreux entrepôt. Pourquoi les gangsters auraient-ils changé son lieu de détention ? Ils doivent le croire mort et n'imaginent pas une dénonciation possible ! Il a envie de se ruer vers le hangar, cependant le souvenir de son impuissance face aux armes des gangsters l'en dissuade. Il a bien compris la leçon.

Tout naturellement, ses pensées se tournent alors vers son père. A-t-il été informé de la disparition de son fils ? Certainement pas ! Les gangsters n'ont aucun intérêt à lui en faire part. L'adolescent réfléchit à toute allure. Le soleil est en train de se hisser à son zénith. S'il s'en tient à ce qu'a expliqué Jo, Bill a déjà dû ramener son père à l'embarcadère pour qu'il rejoigne Alcatraz et reprenne son poste. Il n'y a donc rien qu'il puisse faire de ce côté-là. Les lignes téléphoniques du pénitencier sont sécurisées. Seule la police et quelques officiels peuvent y avoir accès. Quant à se rendre sur l'île, à supposer qu'il trouve un bateau, ce n'est même pas la peine d'y penser. Les eaux circonscrites autour du « rocher » sont interdites à toute navigation.

Depuis le pont, Matthew contemple une dernière fois la prison, si proche qu'un oiseau peut la rejoindre en une dizaine de minutes. Il voudrait avoir des ailes lui aussi pour s'y rendre et empêcher l'évasion d'Al Capone. Empêcher aussi son père de commettre un acte qui va à l'encontre de toutes les valeurs qu'il a défendues dans sa vie. Le fils sait très bien que même si les gangsters libéraient sa sœur, leur père serait anéanti et que, quelles que soient les conséquences judiciaires, il ne se remettrait jamais de ce qu'il considèrerait comme un acte de trahison. Matt comprend qu'il est seul à pouvoir prévenir cette catastrophe. Et que le temps lui est compté.

Il tourne les talons pour rejoindre Jiao qui l'attend là-bas, près de la première pile du Golden Gate Bridge. Il devine sa silhouette mince et droite. Si frêle et pourtant si forte. Elle n'a pas bougé depuis qu'elle s'est arrêtée. Malgré son angoisse, il sourit en courant vers elle. En découvrant que la fille-coccinelle est sa sœur, un poids lui a été ôté. Son cœur a cessé de se torturer.

Quand il la rejoint enfin, essoufflé, il articule :

– Ça y est. Je sais qui je suis.

– Je m'en doutais. Tu t'es arrêté si brusquement.

Elle parle bas, inquiète, se demandant ce que ce retour de mémoire a pu lui révéler. Mais elle ne formule pas ses interrogations. Les yeux fixés sur lui, elle attend qu'il livre de lui-même ce qu'il voudra bien lui confier.

– Je dois aller à la police immédiatement, déclare Matt, c'est une question de vie ou de mort...

Il aimerait aborder certains sujets mais il sait qu'il n'en a pas le droit. Pas encore. Ces sujets-là exigent de prendre son temps, or il n'a pas une minute à gaspiller. Il ne se résout cependant pas à abandonner Jiao. Après tout ce qu'elle a fait pour lui, il lui doit un minimum d'explications.

– ... mais si tu peux m'accompagner, je t'expliquerai en chemin.

Jiao esquisse un sourire hésitant avant de hocher la tête.

– Je peux t'accompagner.

Matt a déjà repris sa marche, elle lui emboîte le pas. Il sait qu'il y a un poste de police à mi-chemin entre le

Golden Gate Bridge et Chinatown. Tout est si facile quand on a accès à ses souvenirs !

En chemin, il raconte sa terrible histoire à sa compagne. Elle s'adapte à son rythme, même si pour cela elle doit doubler ses pas pour suivre ses longues enjambées. Elle ne l'interrompt pas une fois. Seule une étincelle apparait dans ses yeux quand son compagnon annonce que la fille-coccinelle qui l'obsède est sa sœur. Ils sont à mi-chemin quand il s'exclame :

– Je n'arrive pas à croire que seules quarante-huit heures me séparent de ce matin où Mary et moi étions en train de plaisanter pendant notre petit-déjeuner ! J'ai l'impression que cela se passait dans une autre vie…

Il coule un regard en biais à la jeune fille avant de glisser :

– Je suis heureux que Mary soit ma sœur.

Il n'a pas perdu un instant ni ralenti son pas. Il ne voulait pas aborder le sujet. Les mots sont sortis tout seuls. Il ne s'attendait à rien. Et certainement pas à ce qu'à la seconde d'après, Jiao le retienne par le bras et l'attire sous une porte cochère.

Il ouvre la bouche pour exprimer sa surprise. Mais il n'a pas le temps de prononcer un mot. Jiao entoure sa nuque de ses mains et se dresse sur la pointe des pieds pour plaquer sa bouche sur la sienne. Bien que le mouvement brusque ait réveillé la douleur dans son épaule, il l'oublie très vite. En un éclair, son univers se réduit aux lèvres de sa compagne. Elles sont tièdes et douces. Plus douces encore que la tunique de soie qui se froisse sous ses doigts. Le baiser s'éternise sans qu'il songe à y mettre fin. Son cerveau a cessé de fonctionner.

– Eh bien dis donc, il y en a qui ne s'embêtent pas !

La phrase s'insinue dans ses oreilles sans vraiment faire sens. Pourtant, son instinct lui dit qu'il a déjà entendu cette voix. Dans un réflexe, il tente de relever la tête pour en identifier le propriétaire. Jiao l'en empêche avec fermeté et se love même encore davantage contre lui. Alors il abandonne ses velléités malgré les rires moqueurs qui résonnent dans son dos. Il s'en fiche pas mal. Qu'ils se moquent ! Lui, il est au paradis. Puis les rires s'éloignent, décroissent, jusqu'à s'éteindre.

Il en a à peine conscience. Ce qui l'ennuie davantage, c'est que la bouche de Jiao se détache de la sienne. Malgré la douleur, il se penche en avant pour ne pas la laisser lui échapper. Le doigt de la jeune fille se glisse entre eux.

– Ils sont partis, souffle-t-elle.

– Hein ? Quoi ?

– Les gars, ils sont partis…

– Les gars ? Quels gars ?

Matt est complètement désorienté. À regret, il se redresse.

– Ceux qui t'ont agressé hier.

Soudain le voile se déchire dans l'esprit de Matt et son cerveau se remet à fonctionner. Henry. C'était la voix d'Henry !

– Je les ai vus tourner dans la rue et venir vers nous, explique Jiao.

Matthew la fixe sans pouvoir cacher sa stupéfaction.

– Je n'ai rien remarqué...

– C'est normal, tu étais tellement absorbé par tes soucis...

Jiao baisse la tête tandis que ses joues s'empourprent. Elle poursuit :

– Je... Je suis désolée... Mon comportement était vraiment inconvenant. Je n'ai pas réfléchi... Je n'ai pas eu d'autre idée pour qu'ils ne nous reconnaissent pas.

Matt caresse sa joue du bout du doigt et finit par lui relever le menton. Il plonge ses yeux dans les siens.

– Ce n'était pas du tout inconvenant. C'était une idée fabuleuse... De plein de manières différentes. D'une part, tu nous as sauvés d'une confrontation qui aurait certainement mis en péril le sauvetage de ma sœur. D'autre part... Eh bien... D'autre part...

Matt se racle la gorge avant de poursuivre à voix basse :

– Ce serait bien d'en discuter un peu plus tard, lorsque les choses seront rentrées dans l'ordre.

Le regard noir de Jiao reste fixé sur lui. Il est animé d'un éclat nouveau. Elle hoche la tête.

– Oui, pour le moment, il faut se dépêcher. Il faut sauver ta sœur.

15

Sur le fronton du bâtiment étroit, une pancarte annonce fièrement en lettres bleu marine sur fond blanc : « San Francisco Police Department ».

– Ce n'est qu'un petit commissariat de quartier, fait remarquer Jiao alors qu'ils se trouvent au bas de la volée de marches qui mène à l'entrée, peut-être vaudrait-il mieux aller au commissariat central.

– On n'a pas le temps. Ils se chargeront eux-mêmes de donner l'alerte !

Et sur ces paroles, Matt gravit au pas de course les marches de pierre, aussitôt imité par Jiao.

À l'intérieur, l'activité est assez réduite. Un homme est assis sur un banc, menottes au poing. Le cliquetis des machines à écrire s'échappe des bureaux. Derrière un comptoir, un policier en uniforme, un combiné noir de téléphone plaqué sur l'épaule droite, en tient un deuxième, blanc celui-là, coincé entre son oreille et son épaule gauche. Deux autres de ses collègues, accoudés sur le bois, discutent à bâtons rompus. À ses galons, on reconnait parmi eux un sergent.

Les deux adolescents se précipitent en avant.

– Aidez-moi ! C'est une question de vie ou de mort ! commence Matt en plaquant ses deux mains sur le comptoir et en bousculant à moitié les policiers.

Il est échevelé, essoufflé, habillé avec une tunique chinoise et porte un pansement souillé à la tempe. Et il a quinze ans. Vraiment rien pour inspirer confiance.

– Doucement jeune homme ! grogne le sergent. Commence par donner ton…

– Ma sœur a été kidnappée par les hommes d'Al Capone ! l'interrompt Matt. Ils vont la tuer ! Il n'y a pas une minute à perdre !

L'homme assis derrière le comptoir repose un combiné, râle parce que son autre interlocuteur a raccroché entre-temps et tente de comprendre la source de cette agitation.

– Alors gamin, c'est quoi ton problème ?

Trépignant d'impatience, Matt répète ce qu'il vient de dire sans cacher son énervement. Le réceptionniste laisse échapper un grognement.

– Les hommes d'Al Capone ? Rien que ça ? Dis donc, tu ne manques pas d'imagination, toi ! Tu es à San Francisco, ici. Pas à Chicago !

– Mais si ! Ils sont ici ! insiste l'adolescent, ils veulent faire libérer leur chef !

– Toi, tu te payes notre tête !

– Il dit la vérité ! glisse Jiao. Il faut le croire !

Les regards des trois hommes convergent vers elle.

– Qu'est-ce que tu fous là, la chinetoque ? fait l'un d'un ton méprisant. Tu as assisté à l'enlèvement ? Tu as aussi vu les hommes d'Al Capone ?

– Non mais...

– Alors ouste ! Dégage ! dit-il en lui indiquant la porte.

Tandis que la jeune fille hésite, réticente à abandonner son ami, et que Matt, qui ne veut surtout pas lui attirer d'ennuis, essaie de la convaincre qu'il peut se débrouiller seul, le policier posté derrière le comptoir observe le garçon avec une attention soudaine. Il fronce les sourcils puis se met à farfouiller dans la pile de documents posés sur son bureau. Il en tire un feuillet qu'on lui a télégraphié le matin même et qu'il a survolé rapidement. Il le relit, porte à nouveau son regard sur l'adolescent et finit par reposer sa question :

– Quel est ton nom ?

Réprimant son énervement, le jeune homme, qui espère qu'on s'intéresse enfin sérieusement à son histoire, répond spontanément :

– Matthew Donnell. Mon père est...

Cette fois, c'est le policier qui l'interrompt.

– Cheveux blonds, yeux bleus, un mètre soixante-quinze, une blessure à la tempe, troubles psychologiques, un prénommé « Matt » qui doit rôder aux alentours du Golden Gate Bridge... Tout concorde, arrêtez-le les gars, il a volé une grosse somme d'argent chez un médecin !

– Quoi ? Non, vous ne pouvez pas…

Le sergent, qui d'agacé est devenu menaçant, abat sa main sur son épaule.

– Alors comme ça tu nies ?

Matt secoue la tête, dépassé par l'enchainement des évènements.

– Je… Non, je ne nie pas ! Mais c'était juste un emprunt !

– C'est ça. Et moi, je suis le président Lincoln. Tu raconteras tout ça au juge.

Tout en parlant, l'homme le force à avancer. L'adolescent se débat, proteste, supplie. Personne ne l'écoute. Le sergent se saisit du trousseau de clés accroché sur un panneau fixé au mur de la loge et l'entraine vers les cellules qui se trouvent au bout d'un couloir.

Jiao, qui avait déjà quasiment atteint le seuil de la porte, assiste horrifiée à l'arrestation de son compagnon. Elle s'apprête à voler à son secours quand le deuxième policier s'interpose.

– Et toi ! T'as intérêt à te tirer vite fait si tu veux pas qu'on te boucle également !

Le cerveau de la jeune fille fonctionne à toute allure. Elle serre les poings et comprend vite qu'elle ne peut rien faire. Qu'elle finisse elle aussi derrière les barreaux n'aidera en rien Matthew.

Elle tourne les talons et dévale les marches. Le soleil est maintenant à son zénith et illumine la rue. Jiao emprunte une direction au hasard, le cerveau toujours en ébullition. Elle se sent prête à tout pour faire libérer Matt et lui permettre de sauver sa sœur. Sauf que « tout » n'est pas suffisant. Elle se sent tellement impuissante !

Comment, pour une fois, faire triompher la justice et combattre le crime ? Elle est révoltée qu'Al Capone puisse se retrouver en liberté. Toute l'Amérique a entendu parler de ses crimes. Il a assassiné tant de personnes de sang-froid ! Si le courageux Eliot Ness, agent du gouvernement, ne l'avait pas arrêté, Chicago aurait été noyée dans un bain de sang. Les gangsters, les gangs, les tongs, elle en a assez. Elle n'en a pas parlé à Matt, mais elle doit, comme tous les gens qui ont la moindre activité à Chinatown, reverser une partie de ses gains à un tong. Sous peine de voir son gagne-pain saccagé.

Plongée dans ses réflexions, Jiao avance, tête baissée. Elle sait très bien qu'en tant que Chinoise, elle ne pourra jamais se faire entendre de la police. Et bien qu'elle maîtrise l'art du combat du Choy Li Fut, cela ne lui sert à rien. Elle ne peut tout de même pas attaquer seule un poste de police ! Par automatisme, ses pas la rapprochent de la ligne de *cable car* qui dessert Chinatown. Elle arrive au carrefour où Market Street rencontre Kearny Street. Au centre, Lotta's Fountain s'élève. Les rayons du soleil se diffractent à travers le globe de verre qui la couronne et font scintiller la peinture brun doré qui recouvre la fonte. À San Francisco, il fait chaud le midi quand la brume n'est pas de sortie. Jiao s'avance pour se désaltérer aux robinets en forme de gueule de lion qui déversent de l'eau fraiche. Alors qu'elle tend le cou, elle se fige. De l'autre côté de l'imposante fontaine, Henry et sa bande sont avachis par terre. Trois d'entre eux ont la cigarette aux lèvres et les autres une bouteille de bière à la main.

– Tiens, tiens... Regardez donc qui voici !

Il y a John... Et cinq autres gars. Leurs regards sont braqués sur elle.

– Mais c'est la chinetoque ! lance John. C'est bon ça... On va pouvoir lui faire sa fête !

Ils commencent à se relever. Henry finit sa bière d'une traite et frappe sa bouteille de verre contre la fontaine. Il tient maintenant dans sa main une arme effroyable.

– À cause de toi, j'ai perdu un bon paquet de dollars. Et mon couteau. J'y tenais, à ce couteau. Mais comme tu vois on trouve toujours une solution.

– Ouais Henry ! l'excite un de ses acolytes avec un sourire mauvais. Retaille-lui le portrait. Tu lui rendras service, moche comme elle est avec ses yeux en fentes de juke-box !

– Et puis les chinetoques, siffle Henry, il faut s'en débarrasser sinon ils vont nous envahir comme la vermine !

– Clair ! crache un autre. Les tongs marchent sur nos plates-bandes depuis trop longtemps !

Pendant tout ce temps, Jiao n'a pas bougé un cil. Elle a l'impression d'être paralysée, comme dans un cauchemar. Les types s'approchent, commencent à l'entourer, telle une meute de tigres autour d'une souris. Ils se réjouissent déjà. La victime est si petite, si vulnérable. Ce sera un jeu de la massacrer.

Soudain Henry bondit en avant. Au même moment, John se jette sur le côté pour lui couper la retraite. En un réflexe qui court-circuite sa volonté, Jiao évite le tesson de bouteille en se pliant en arrière. Ce geste la libère du carcan de peur qui la pétrifiait. Elle saisit le bras de John et utilise l'élan du voyou pour se propulser en un saut prodigieux hors du cercle qui se referme sur elle. Au même instant, un hurlement de douleur retentit : Henry, déstabilisé par sa feinte, est tombé sur le côté et a planté le tesson de bouteille dans la cuisse d'un de ses acolytes. Le sang jaillit et éclabousse la jeune fille au moment où elle prend les jambes à son cou pour s'enfuir, sans un regard en arrière. Trois types se lancent à sa poursuite. Elle est rapide, mais sa foulée ne peut concurrencer les longues enjambées de ses poursuivants. Dans son dos, les insultes fusent de plus en plus fort à ses oreilles. Son cœur bat si vite que sa poitrine menace d'exploser.

– On va l'avoir, les gars ! Encore un petit effort.

Parfois bousculés, les passants protestent et lancent des insultes, mais aucun n'intervient. À San Francisco, c'est souvent chacun pour soi. Les gangs sont légion et il ne fait pas bon se mêler de leurs affaires.

La vision de Jiao se teinte d'un voile rouge et ses tympans vibrent à chacune de ses foulées. La jeune fille puise dans ses dernières réserves pour ne surtout pas ralentir. Sa motivation est totale : qui sait comment elle finira s'ils parviennent à lui mettre la main dessus ? Seule contre tous, elle n'a aucune chance. D'autant que cette fois, elle ne bénéficie pas de l'effet de surprise. Si encore ils étaient assez fair-play pour l'attaquer un à un, ce serait jouable. Mais le fair-play n'est pas une vertu très répandue dans les gangs franciscanais.

Forte de sa petite taille, Jiao vire sec à l'angle de la rue. Cela lui donne quelques secondes de répit. Avec leurs grandes jambes, ses poursuivants ne peuvent pas négocier le virage aussi serré. Cependant, Jiao ne se fait pas d'illusion, ses poumons sont brûlants. Elle sait qu'elle ne pourra pas tenir plus de quelques mètres supplémentaires à cette vitesse-là.

– C'est bon ! On la tient ! hurle une voix derrière elle.

Jiao est perdue. Elle le sait. Et avec elle, la sœur de Matt. Les larmes lui piquent les yeux. Elle a envie de crier sa colère. Mais il n'y a plus un souffle dans sa poitrine. Dans un pas, deux au maximum, elle s'écroulera.

C'est alors qu'un son qu'elle reconnait immédiatement résonne à ses oreilles. La cloche du *cable car*. Le wagon de bois surgit de la droite. La rue est en pente. Il est lancé à pleine vitesse. Une rage mêlée de désespoir projette la jeune fille en avant. Elle pensait être à bout. Un second souffle la fait renaitre. Ses jambes aux muscles déliés qui, une seconde plus tôt, étaient au bord de la tétanie, accélèrent encore, se plient et se déplient en une détente fabuleuse. Le bras tendu, Jiao saisit la barre extérieure qui se trouve sur la plateforme. Pendant un instant, elle a la sensation de voler. Puis ses pieds retrouvent le contact ferme du plancher de bois. L'onde de choc se propage dans tout le véhicule et les passagers la dévisagent d'un air réprobateur. Jiao s'en fiche bien.

Elle tourne la tête à temps pour voir ses trois poursuivants hurler des propos que le brinquebalement du *cable car* rend inaudibles. L'un d'eux passe son index sur sa gorge en un geste plus que parlant. Mais Jiao ne s'en soucie pas.

En cet instant, une seule chose compte : elle est sauvée.

16

AZ-85

Dès que le gardien a ouvert la porte, le matricule AZ-85 l'a reconnu. C'était facile en fait, il était blanc comme un linge. On aurait dit un fantôme. Auparavant, l'homme avait toujours paru sûr de lui. Grand, châtain, impavide. Tout semblait lui glisser dessus. Ni les insultes, ni les flatteries ne le faisaient flancher. Il faisait plutôt bien le job, il fallait le reconnaitre. Al n'avait pas à s'en plaindre. S'il avait eu le choix, il aurait préféré que cela tombe sur un autre. Le petit maigre, par exemple, qui joue de sa matraque avec un zèle un peu excessif. Ou le rouquin vicieux qui fait des croche-pattes aux prisonniers lors du passage aux douches. Ah les douches ! C'est presque ce qu'il y a de meilleur à Alcatraz… Contrairement à celles des autres pénitenciers, l'eau y est chaude et agréable. Rien que pour cela, la prison mériterait cinq étoiles. Pourtant, ce n'est pas par souci de confort que l'administration carcérale se montre généreuse. Son but est tout autre : il s'agit simplement d'empêcher les prisonniers de s'habituer à l'eau froide. Car sinon, les eaux glacées de la baie de San Francisco n'opéreraient plus aussi efficacement leur rôle de barrière naturelle.

Mais le matricule AZ-85 s'en fiche bien de cette barrière. Lui, il aura ses gars qui lui feront la courte échelle pour l'enjamber en douceur. Et c'est ce sympathique gardien qui va rendre tout ça possible. En laissant quelques portes ouvertes, en endommageant les groupes électrogènes de secours et en provoquant une coupure d'électricité sur le rocher, il va permettre à son prisonnier de prendre la poudre d'escampette. Car sans électricité, plus de projecteurs pour surveiller les eaux. Ses acolytes, embusqués non loin, auront alors beau jeu de rejoindre l'île. Quant à Al Capone, il aura de son côté tout le temps nécessaire pour se glisser jusqu'à l'atelier de confection, désert à cette heure-là, et s'échapper par la porte de derrière, habituellement réservée aux livraisons.

Oui, si le maton suit bien les consignes qu'il a reçues, et ses gars ont veillé à ce que ce soit le cas, le matricule AZ-85 se fera cette nuit la belle en douceur…

17

Oui, Jiao est sauvée. Ce qui veut dire que tout peut encore arriver.

Pourtant, la situation lui parait inextricable. Comment faire pour sortir Matt de prison ? Et plus dur encore, comment faire pour sauver sa sœur ? Alors que le sentiment exaltant d'avoir échappé au pire retombe peu à peu, Jiao sent le poids de la mission dont elle s'est elle-même investie peser lourd sur ses frêles épaules. Perdue dans ses pensées, elle regarde défiler les façades des bâtiments sans vraiment les voir. Ce n'est qu'en reconnaissant les élégants balcons des imposantes tours de l'hôtel Westin St. Francis qu'elle réalise que le *cable car* dans lequel elle a sauté l'a emmenée bien loin de Chinatown. Elle descend à l'arrêt de Union Square. L'immense place rectangulaire est agrémentée de bosquets et de petites fontaines. Des hommes en chapeau melon et des dames portant ombrelle s'y promènent. Jiao est rarement venue jusqu'à ce quartier chic et commercial de San Francisco. Elle n'en a ni le temps ni les moyens. Sa vie se résume généralement au travail. Si l'angoisse n'était pas si présente, elle apprécierait cette escapade surprise. Un jeune livreur la dépasse en courant, un paquet sous le bras. Il doit avoir le même âge que son frère cadet. En songeant à lui, Jiao se souvient qu'il doit gérer seul leur kiosque en son absence. À l'angoisse s'ajoute alors la culpabilité.

Désemparée, écrasée par des enjeux qui la dépassent, Jiao décide de retourner à Chinatown.

Elle traverse Union Square en diagonale pour rejoindre l'arrêt du *cable car* qui circule en sens opposé. Elle patiente en se repassant les derniers évènements en tête. Tant d'émotions se mêlent en elle. Elle ne peut le nier. Malgré tout le tragique de la situation, elle est heureuse de ces heures passées avec Matt. Cela fait si longtemps qu'elle espérait en secret lui parler vraiment. Son souhait a été réalisé au-delà de ses espérances. Mais l'intensité de ces moments partagés rend encore plus douloureuse la perspective de la séparation qui se profile. Si l'accusation de vol est maintenue, que va-t-il lui arriver ? Ce n'est pas avec un père complice de l'évasion de l'ennemi public numéro un de l'Amérique que sa situation va s'arranger !

Quant au sort de la pauvre Mary, Jiao n'ose même pas y songer...

C'est dans un état d'esprit proche du désespoir que la jeune fille arrive enfin à la triple porte au toit en pagode. Elle remonte l'artère commerçante en se faufilant entre les marchands de poulets caquetant dans leur cage d'osier et les vendeurs de cafetières en zinc. Ses pas la mènent automatiquement vers la rue dans laquelle habite sa grand-mère.

Elle s'approche de la bâtisse jaune vif quand la porte de la fumerie d'opium s'ouvre brusquement. Un groupe de jeunes hommes en sort en se disputant violemment avec le portier.

– Non ! entend-elle crier ce dernier. Je vous ai dit « Non ! », répète-t-il avant de leur claquer la porte au nez.

Jiao reconnait immédiatement les jeunes. Ils font partie du tong des Fils du dragon. Elle est surprise que leur chef ait fait preuve d'un tel laxisme. D'habitude, Wei ne permet pas aux membres du gang de toucher à la drogue. Elle cherche du regard l'ancien élève de son père mais ne le trouve pas. Cette absence explique certainement cet écart de conduite. Tandis qu'elle les observe, les Fils du dragon la scrutent en retour. Elle note bien vite que leurs pupilles ne sont pas rétrécies comme c'est le cas quand on vient de fumer de l'opium. Alors, elle comprend tout. Ils ont voulu profiter de l'absence de leur chef pour aller tester la drogue. Sauf que celui-ci, qui est craint et respecté dans le quartier, avait donné des consignes strictes pour leur en interdire l'accès. Les membres du tong sont maintenant frustrés et furieux. Prêts à chercher des ennuis à la première personne qui passe…

– Hé toi ! Tu es la fille qui traine avec cette racaille de Blanc !

L'accusation a jailli de la bouche d'un grand type mince qui porte, tout comme Wei, un bandeau rouge autour de la tête. Jiao le soupçonne d'être à l'origine de cet acte de révolte. Elle ne serait pas étonnée qu'il soit en train d'essayer de prendre la place du chef.

Jiao ne répond pas. Elle essaie de doubler le jeune par la droite, mais un de ses acolytes lui bloque le passage.

– Tu sais, nous, on n'aime pas les Blancs, insiste le premier avec une moue méprisante.

Cette remarque qui vise à effrayer Jiao rate complètement son but. Car elle vient au contraire de donner à la jeune fille une idée folle. Une idée désespérée. Mais une idée qui peut se révéler géniale si elle fonctionne. Réfrénant l'excitation qui la gagne, Jiao réfléchit à toute allure. Il va falloir jouer serré et manœuvrer en douceur.

– C'est drôle, dit-elle en baissant la tête, on m'a justement dit ce matin quelque chose de semblable sur les Chinois.

La réaction ne se fait pas attendre.

– Comment ça, on t'a dit quelque chose de semblable sur les Chinois ? Qui a osé ?

Jouant toujours la carte de l'humilité, Jiao répète les propos d'Henry d'une voix douce :

– Ils ont dit qu'il fallait se débarrasser des chinetoques parce que sinon ils allaient envahir San Francisco comme la vermine.

– Quoi ?

Les Fils du dragon contractent leurs mâchoires sous l'effet de la colère. Leurs yeux lancent des éclairs.

– Qui sont ces chiens ? Parle ! Ce sont tes amis blancs qui osent nous menacer ainsi ?

– Ce ne sont pas mes amis, rectifie Jiao, mais effectivement, ils sont blancs. Ce sont les membres du Lotta's gang. Et ils ne se sont pas contentés de menaces : ils m'ont agressée et ce n'est que de justesse que j'ai réussi à leur échapper.

À ces mots, les poings se serrent et les muscles saillent.

– Ils nous provoquent, crache l'un des Fils du dragon. Ils savent que le kiosque de Jiao est sous notre protection.

Les autres renchérissent. La rage bouillonnait déjà dans leurs veines avant que la jeune fille croise leur chemin. Maintenant, ils ont trouvé un exutoire idéal à leur colère.

– Où étaient-ils quand ils t'ont attaquée ?

– Près de la fontaine, murmure Jiao, c'est là qu'ils se réunissent.

18

Pendant tout le temps que dure le trajet jusqu'à Lotta's Fountain, Jiao doit lutter contre sa conscience qui lui reproche d'être le catalyseur d'une guerre de gangs qui s'annonce magistrale. Mais chaque fois qu'elle s'apprête à ouvrir la bouche pour dissuader les Fils du dragon d'aller attaquer Henry et ses comparses, une petite voix impérieuse lui rappelle que la sœur de Matt risque d'être assassinée. Si tout se déroule comme elle l'a envisagé, les deux gangs passeront quelques jours en prison, ce qui n'est pas comparable à la perte d'une vie. Et puis en vérité, elle voit bien vite qu'elle peut désormais dire n'importe quoi, rien ne convaincra les membres du tong de faire demi-tour. La haine couve depuis trop longtemps entre les gangs pour que l'incendie puisse être facilement éteint. Jiao a aujourd'hui fait jaillir l'étincelle mais le feu aurait pris tôt ou tard.

Quand ils arrivent à Lotta's Fountain, c'est cependant la frustration qui les attend. Le lieu est désert.

Cette absence, loin de calmer les Fils du dragon, ne fait qu'exacerber leur colère.

– Ils ne doivent pas être loin. C'est leur territoire ! aboie le jeune homme au bandeau rouge. Dispersons-nous deux par deux dans les rues alentour. On finira bien par trouver ces chiens !

L'ordre est promptement exécuté. Jiao, qu'ils semblent avoir oubliée, suit de loin un binôme, tous les sens en éveil. Elle sait qu'elle est en danger dans ce quartier. Mais le point positif est que cette traque sert son plan car ils avancent en direction de la station de police.

Les minutes passent et l'inquiétude de Jiao augmente. San Francisco est si étendue ! S'ils ne parviennent pas à retrouver le Lotta's gang, son plan tombe à l'eau et il sera bien trop tard alors pour en chercher un autre, à supposer qu'il puisse y en avoir un !

Elle commence à désespérer, quand soudain, le binôme qu'elle suit s'arrête brusquement à l'entrée d'une impasse. Elle les voit faire précipitamment marche arrière, sortir un sifflet en bambou et y souffler trois coups secs et perçants. C'est le signal.

L'alarme n'est pas passée inaperçue. Après les premiers instants de surprise, des cris s'élèvent du fond du cul-de-sac. Les insultes jaillissent dès qu'Henry et sa bande aperçoivent les membres du tong.

L'ambiance s'échauffe rapidement. Après les insultes, les coups ne sont pas loin. Les deux Fils du dragon, adossés à un mur, sont vite cernés. Mais Jiao sait comment les choses se passent. Même s'ils sont tous impatients d'en venir aux mains, les membres des gangs ne se privent jamais du plaisir de fanfaronner et d'effrayer l'adversaire. Il faut imposer sa supériorité, vomir son mépris. Quand on voit la peur dans les yeux des autres, on la transforme ensuite en terreur et en souffrance en frappant toujours plus fort. Plus cruellement.

Jiao ne restera pas pour voir ça. Les autres Fils du dragon, prévenus par les coups de sifflet, ne vont pas tarder à rappliquer. Assurée désormais que cette ruelle va devenir l'arène d'un règlement de comptes brutal, elle fonce aussi vite que son souffle le lui permet vers le commissariat.

Arrivée devant l'entrée, elle prend cependant le temps de faire une pause pour dénouer ses tresses qui étaient attachées en un chignon désormais bien défait. Mieux vaut éviter que les policiers la reconnaissent. Ils risqueraient de la mettre à la porte sans écouter ce qu'elle a à leur dire. Ses longs cheveux soyeux encadrant son fin visage, elle s'élance et propulse la porte vitrée des deux mains. Son entrée est spectaculaire. Derrière le comptoir, le policier s'interrompt en pleine discussion. Face à lui, un vieillard, certainement venu déposer plainte, fixe Jiao bouche bée.

Seul le cliquetis d'une machine à écrire dissimulée dans un bureau adjacent se fait encore entendre. Du moins jusqu'à ce que Jiao lâche d'une voix paniquée :

– Vite ! Il faut venir ! Il y a une bagarre terrible dans Octavia Street ! Les Fils du dragon affrontent le Lotta's gang ! Ils ont des couteaux et des tessons de bouteille, des armes à feu. Il y a du sang partout !

Jiao s'est précipitée vers le policier en prononçant ces paroles. Elle montre sa tunique éclaboussée de sang pour appuyer ses dires. En voyant les taches, le policier bondit de sa chaise.

– Merde... Merde, merde, merde ! jure-t-il.

Il court jusqu'à la porte des bureaux où travaillent ses collègues.

– On a une rixe entre deux gangs sur les bras, les gars. Et c'est sanglant ! Faut y aller avant qu'il y ait des victimes parmi les passants.

De nouveaux jurons cinglent, puis une voix ordonne :

– Appelle le Central. Dis-leur d'envoyer des renforts !

Le premier policier réapparait et se laisse tomber sur sa chaise tandis que ses collègues récupèrent leur revolver et se glissent dans son dos pour attraper les clés de voiture suspendues au mur.

Jiao ne perd pas une miette de ce va-et-vient. Soudain, de derrière son comptoir, l'homme se tourne vers elle pour lui demander :

– L'adresse ? Où elle est, cette rixe ?

– Dans Octavia Street, répond Jiao.

Le policier se désintéresse d'elle aussitôt le renseignement obtenu. Il se plonge dans ses appels téléphoniques, demande au vieillard de revenir plus tard « parce que là il y a une urgence et qu'il vaudra mieux ne pas se trouver dans le coin quand on va ramener tout ce beau monde ».

Jiao remarque qu'il a deux téléphones devant lui, un blanc et un noir. Il soulève un combiné, met un doigt dans le cadran rotatif et lance à Jiao qui est toujours là :

– Et toi ? Ça t'a pas suffi de te faire asperger de sang ? Tu ferais mieux de déguerpir aussi !

Alors Jiao prend une voix plaintive et supplie :

– S'il vous plait, j'ai très soif ! Est-ce que je pourrais aller aux toilettes ?

De l'autre côté de la ligne, on vient de décrocher. Le policier se détourne de Jiao pour répondre à son interlocuteur et lui fait un signe de la main qui peut vouloir dire n'importe quoi. La jeune fille, elle, estime que cela signifie « oui ».

Elle emprunte le couloir mais ne va pas au-delà de quelques pas. Plaquée près de l'angle du mur, elle attend. Et espère.

Le policier parle fort au téléphone, s'énerve qu'on lui pose des questions, qu'on ne comprenne pas assez vite. Ses collègues vont se retrouver submergés par le nombre si les renforts n'arrivent pas à temps. Il raccroche, décroche. Et enfin, le moment qu'attendait Jiao se présente. Alors que l'homme tempête d'une voix de stentor, le second téléphone se met à sonner. À présent, le bruit est tel qu'une sirène de pompier aurait du mal à se faire entendre. Telle une ombre, Jiao se glisse dans le dos du policier. Elle serre les doigts autour du trousseau de clés qu'elle a repéré pour qu'elles ne tintent pas et d'un geste rapide, elle le décroche du panneau. Trois secondes plus tard, elle est de retour dans le couloir. Elle fonce vers la cellule dans laquelle Matthew est enfermé. Son cœur se serre en le voyant prostré sur le banc longeant le mur. La tête coincée entre les genoux ramenés contre son corps, il est l'image criante du désespoir. Il ne relève même pas le menton en entendant la clé pénétrer dans la serrure.

– Matt ! souffle Jiao en faisant pivoter la grille, vite ! Il faut y aller !

Le garçon se redresse en sursaut. Ébahi de reconnaitre son amie, il bafouille :

– Jiao ? Mais qu'est-ce que...

– Chuuut ! l'interrompt-elle en mettant son doigt sur la bouche. Pas un bruit !

Renonçant à obtenir des explications dans l'immédiat, il saute sur ses pieds et la rejoint en deux enjambées.

– Fais comme moi, murmure Jiao.

Il la suit jusqu'au bout du couloir, puis l'imite quand elle se met à quatre pattes. Le réceptionniste est toujours en train de vitupérer au téléphone. Il leur tourne le dos. Sans se faire repérer, les adolescents franchissent l'espace ouvert séparant le mur du comptoir, puis ils poursuivent ainsi jusqu'à la porte restée ouverte. Assis derrière son comptoir, le policier n'a aucune chance de les voir passer. Une dame qui gravit les marches se fige en les voyant surgir. Les fugitifs descendent l'escalier aussi vite que cela leur est possible dans cette position. Lorsqu'ils passent à côté de la femme, celle-ci ne cache pas son inquiétude et serre nerveusement son sac contre elle. À l'évidence elle les prend pour des fous échappés d'un asile.

Si la situation n'était pas aussi dramatique, Matt en rirait. Mais le rire n'est pas vraiment d'actualité. Dès qu'ils sont hors de vue du policier, les deux adolescents se relèvent et s'élancent dans la rue. Un seul objectif : s'éloigner du commissariat vite, très vite.

19

Matthew est tellement impressionné qu'il en reste sans voix. Jiao, qui vient de lui relater les derniers évènements, ne cesse de le surprendre. Voilà que pour le sauver elle n'a pas hésité à déclencher une guerre des gangs ! Sa stratégie était aussi courageuse que géniale et révèle à quel point la jeune fille est pleine de ressources. L'adolescent est fasciné par les nombreuses qualités de sa compagne. Qualités dont la loyauté n'est pas des moindres.

Inconsciente de son admiration, Jiao pose sur lui son regard sombre et serein. L'esprit pratique, elle demande :

– Et maintenant, qu'est-ce qu'on fait ?

Sa question rappelle Matt à l'ordre. Ce n'est pas le moment de se laisser aller aux émotions. Plus tard, il y pensera plus tard.

L'adolescent finit de déglutir la dernière bouchée du sandwich qu'ils ont acheté au coin d'une rue. Il est près de 17 heures. Le petit-déjeuner était loin et ils mouraient de faim. Il passe la main sur son pantalon pour se débarrasser des dernières miettes et se lève du banc sur lequel ils s'étaient assis. Après leur fuite du poste de police, ils se sont réfugiés sur le bord de mer, près du quai des pêcheurs, dont l'activité intense leur garantit anonymat et protection.

Face à lui, la baie de San Francisco. Droit devant, le rocher. Alcatraz. Le pénitencier est là, presque à portée de main. Mais plus pour longtemps. La brume quotidienne est en train de se lever. Chaque été, elle nait de l'union des eaux froides qui épousent les terres chaudes. Il parait que c'est un courant venu d'Alaska qui donne aux vagues leur température réfrigérante. Peu importe la raison. La brume est là. Et Matt compte bien s'en faire une alliée.

Il tourne la tête vers la gauche, vers le pont dont les piles sont en train de se faire avaler par les embryons de nuage.

Attendre encore un peu. La brume gagne du terrain. Bientôt, elle finira par faire disparaitre les entrepôts qui se trouvent sur la côte.

– Si je fais le bilan, la situation est simple : on ne peut pas attendre de l'aide de mon père. On ne peut pas attendre de l'aide de la police. Il ne reste que moi…

Il laisse sa phrase en suspens, n'osant poursuivre.

– Et moi, ajoute Jiao.

– Tu en as déjà trop fait. Je ne peux pas te laisser prendre de nouveaux risques.

Matt se sent affreux en prononçant ces paroles. Parce qu'une partie de lui-même n'espère qu'une chose : que Jiao reste à ses côtés.

– Ce n'est pas à toi de décider ce genre de choses. Je te l'ai déjà dit.

Le ton de la jeune fille est ferme, calme et ne laisse pas de place à la réplique.

Vaguement honteux, Matthew rend les armes. Aussitôt et malgré les circonstances, une vague de joie déferle sur son cœur.

– Dans ce cas, il reste toi, moi… et la brume.

Un sourire éclaire son visage.

– Et cette dernière est déjà en route. On ferait mieux de se dépêcher si on ne veut pas être en reste.

– Se dépêcher ? Mais pour aller où ?

– À l'entrepôt où Mary et moi avons été séquestrés. Je suis sûr que ma sœur y est toujours. Les gangsters sont de Chicago. Ils ne connaissent personne ici qui pourrait leur trouver facilement une autre cachette. De plus, ils me croient certainement mort. Ils n'ont donc aucune raison de ne pas avoir à nouveau emprisonné Mary dans ce fichu hangar.

Le temps qu'ils se rendent dans le quartier des entrepôts désaffectés, la brume a progressé et envahi tout le secteur. Cela convient parfaitement à Matt et sa compagne, qui peuvent approcher en toute discrétion du lieu de détention de Mary. La zone est devenue dangereuse depuis le tremblement de terre de 1906 qui a ravagé une grande partie de la ville. Certaines structures se sont effondrées, d'autres sont restées branlantes, d'autres encore, comme celle où est enfermée Mary, ont miraculeusement tenu bon. Leurs propriétaires les ont encore utilisées pendant une vingtaine d'années avant de les abandonner pour des entrepôts mieux desservis par le transport maritime.

Slalomant entre les amas de briques et de métal, les deux adolescents s'approchent de leur objectif.

– Là ! chuchote Matt en désignant un tas de bois à moitié calciné situé à proximité du hangar. Ce sera un poste d'observation parfait !

Les nappes de brouillard donnent une dimension fantomatique à ce lieu laissé à l'abandon. Embellis par des voiles de brume, les poutrelles tordues et les tonneaux de tôle ondulée deviennent des statues à la grâce mystérieuse.

Jiao, souple et agile, se glisse entre les obstacles. Elle précède Matt de quelques pas. Mais soudain, alors qu'un cri retentit, l'adolescent perd sa silhouette de vue. Il accourt quand la voix de Jiao l'arrête.

– Non ! Stop ! s'écrie-t-elle.

Matt freine des quatre fers. Juste à temps ! Devant lui, à peine visible dans le brouillard, s'ouvre la gueule sombre d'une fosse. Jiao est suspendue aux briques qui en délimitent le contour. Son corps se balance dans le vide. Matt s'accroupit et lui tend son bras valide pour l'aider à regagner la terre ferme. Jiao saisit sa main et, malgré la douleur que la traction réveille dans son épaule, il la remonte progressivement vers lui.

C'est alors que la porte de l'entrepôt s'ouvre bruyamment. Deux gangsters en sortent, l'arme au poing. Dans un réflexe, Matt s'écrase au sol, entrainant automatiquement la descente de Jiao qui replonge dans la cuve. Une nouvelle secousse, brutale, quand elle arrive en bout de course. La douleur jaillit telle une trainée de feu dans l'épaule de l'adolescent. Si intense qu'il ouvre instinctivement les doigts un quart de seconde. Il sent la main de Jiao glisser. Dans un effort surhumain, il crispe le poing pour la retenir. Il se mord les lèvres jusqu'au sang pour s'empêcher de crier. Jiao, déséquilibrée par cette nouvelle chute, a lâché les briques qui lui servaient d'appui et se retrouve désormais entièrement suspendue à son bras. La souffrance irradie dans tout son corps par vagues brûlantes, insupportables. Pourtant il faut tenir. Rester immobile et plaqué au sol, là où la couverture de brume les rend invisibles.

Ils entendent les gangsters faire quelques pas dans leur direction. Un bruit sourd. Une bordée de jurons colorés. Un rire moqueur.

– Foutue poutrelle ! s'énerve Jo, elle m'a pété le tibia !

– T'as qu'à regarder où tu mets les pieds, ricane son complice.

– On voit que dalle ! proteste l'autre, quel pays de merde !

– Arrête de râler. C'est toi qui as voulu sortir.

– J'ai entendu un cri, j'te dis !

À ce moment-là, comme pour lui répondre, un goéland qui survole les entrepôts pousse une clameur stridente.

– Ben le voilà ton gueulard, Jo ! Tu as dû entendre un de ces abrutis d'oiseaux !

Les hommes s'avancent encore de quelques pas, cette fois sans conviction. Puis ils changent de direction et vont vérifier la berline garée tout près, avant de se décider à retourner à l'entrepôt. Quand la porte se referme avec un bruit métallique, Matt est au bord du malaise. Sans perdre un instant, il puise dans ses dernières forces et bande ses muscles pour hisser son amie.

Il roule sur le dos lorsqu'elle parvient enfin à s'extirper du trou. L'adolescent suffoque, incapable de prononcer une parole. Il attend que les vagues de douleur décroissent.

– Merci, murmure Jiao.

Et elle dépose un baiser léger comme une goutte de rosée sur sa joue.

Pendant un long moment, ils restent ainsi, allongés côte à côte, à reprendre leur souffle. Matt aimerait que le temps s'arrête, pouvoir tout oublier. Le danger, la mort, l'évasion. Il voudrait créer un monde qui aurait la douceur des lèvres de Jiao. La chaleur de son regard. La gaieté de son rire.

« Plus tard ». « Plus tard ». Les mots reviennent comme un leitmotiv dans son esprit.

Plus tard. Il y pensera plus tard.

Au mépris de sa douleur, il se relève. Jiao lui prend la main. Et c'est ainsi qu'ils rejoignent le tas de bois qui doit leur servir de cachette.

– Au moins, on sait maintenant qu'ils sont à l'intérieur.

– Ce n'est pas une bonne nouvelle, non ?

– Non. Surtout qu'ils sont armés.

– Alors, que va-t-on faire ?

Matt réfléchit quelques instants.

– On n'a pas le choix. On va attendre. Cette nuit, ils seront obligés de sortir pour récupérer Capone dans un bateau. C'est à ce moment-là qu'on agira. En attendant, il faut chercher des barres métalliques ou des vieux outils qui nous permettront de forcer la porte quand ils seront partis.

Tandis que les deux adolescents se mettent à prospecter à droite et à gauche, Matt réalise que le soir descend déjà sur San Francisco. La ville est si étendue que, tandis qu'ils couraient d'un endroit à l'autre, les heures ont filé. Pourtant, le garçon a le sentiment que cette journée n'en finit pas. Comme il a hâte que ce cauchemar prenne fin !

Avec la nuit qui tombe, la brume commence à se dissiper. Une lune blanche et ronde comme une balle de baseball géante diffuse sa lumière spectrale. Les adolescents, après avoir rassemblé une barre métallique recouverte de rouille et un marteau tout aussi rouillé, ont regagné leur cachette.

Maintenant, ils attendent.

Enfin, la porte de l'entrepôt s'ouvre à nouveau dans un grincement. L'air est clair désormais et grâce à la lumière de la lune, ils voient Jo et Bill se diriger vers la voiture. Le troisième gangster les regarde monter à bord.

– Surveille-la bien, lance Jo, faudrait pas qu'elle se fasse la malle encore une fois. Quand on reviendra avec le patron, on l'emmènera avec nous. Comme ça, si on nous cherche des noises, on aura un otage.

– T'inquiète ! Maintenant qu'elle est seule et attachée, elle ne risque pas d'aller bien loin !

Jo hoche la tête et donne le signal du départ. Le moteur de la berline vrombit dans le quartier déserté. Ses phares éclairent un instant le tas de bois derrière lequel Matthew et Jiao sont cachés, puis le véhicule oblique et disparait dans la nuit.

Un claquement. Une serrure que l'on verrouille. Mary est de nouveau enfermée.

Son frère est dévasté.

– Je pensais qu'ils partiraient tous…, laisse-t-il échapper.

– Après votre première évasion, ils ont dû décider de ne plus la laisser seule, suppose sa compagne.

– Tu as certainement raison. Mais maintenant, je ne vois pas comment on va pouvoir la libérer. Son gardien est armé. Si on tente quoi que ce soit, il risque de la descendre.

– Et si on tentait une diversion ? Je peux essayer de l'attirer dehors. Peut-être qu'il laissera la porte ouverte et que tu pourras libérer ta sœur…

– Je ne crois pas une seconde qu'il laissera la porte ouverte. Ils sont devenus trop méfiants. Et puis, c'est trop dangereux.

Dangereux pour elle, Jiao l'a bien compris. Elle garde cependant le silence. Cette fois, ils risquent tous de se faire descendre. Que faire quand tout se ligue contre eux ? Le découragement les assomme. Les minutes passent. Matt frappe du poing sur une planche de bois. Il gémit car sa blessure le rappelle vite à l'ordre et se traite d'imbécile. Mais sa frustration atteint des sommets.

– Ce n'est vraiment pas juste ! s'exclame-t-il. Après tout ce que tu as fait, après tout ce que j'ai surmonté... Quelle poisse !

– On a aussi de la chance, modère Jiao d'une voix douce, on est encore là. Toujours en vie.

Ces paroles lui remémorent celles du docteur Martin. Poisse, chance, poisse, chance, poisse... Ces derniers jours, le cycle ne semble jamais s'arrêter ! Matt est cependant sensible à la remontrance voilée de la jeune fille et se reprend. Elle a raison. Elle aurait pu se tuer en tombant dans cette fichue fosse. À cette idée, une peur rétrospective l'envahit. Les évènements se sont enchainés si vite qu'il n'a pas eu le temps de considérer le danger qu'elle avait couru. Maintenant, il revoit la scène et des frissons parcourent tout son corps. Si elle n'avait pas pu se raccrocher à ce bord en brique...

Soudain, son cerveau, par un enchainement de pensées rapides comme l'éclair, lui suggère une idée folle. Une idée incroyable. Et si...

– Attends-moi ici ! lance-t-il à voix basse. Je dois vérifier un truc !

– Non, je viens avec toi ! décide Jiao.

Matthew n'essaie même pas de la faire changer d'avis. Et puis a priori, il ne devrait pas y avoir de danger. Pas encore.

Arrivé au bord de la fosse, il sent l'excitation le gagner. Bien sûr, c'est une folie, mais si le cycle venait de faire un autre tour et de s'arrêter sur la case chance ?

– Regarde, dit-il d'un ton agité, tu ne remarques rien ?

Du doigt il désigne l'arc de cercle en brique qui délimite la fosse dans laquelle la jeune fille est tombée. Cette dernière considère avec attention ce pourtour, bien visible à la lumière lunaire.

– On dirait…

Elle s'interrompt, hésitante.

– … une citerne ! finit Matt à sa place. C'est exactement ça !

À San Francisco, tout le monde sait que les cercles de briques d'une dizaine de mètres de diamètre, que l'on trouve à de nombreux endroits de la ville, matérialisent le contour de citernes souterraines. Au centre de ces cercles, une ouverture d'un mètre de diamètre, fermée par un couvercle de métal, permet aux pompiers d'accéder à la réserve d'eau en cas d'incendie. Ces structures ont été construites après le tremblement de terre de 1906, quand la ville a brûlé pendant des jours sans que les pompiers puissent intervenir. En effet, les conduites d'eau avaient été détruites par les secousses. Ne voulant plus jamais revivre une telle catastrophe, les autorités de la ville ont trouvé cette solution simple et pratique.

– C'est une citerne, d'accord, reconnait Jiao, mais elle ne doit plus avoir été utilisée depuis longtemps puisqu'elle est vide et à moitié effondrée. Je ne vois vraiment pas en quoi elle présente un intérêt, ajoute-t-elle sans cacher sa perplexité.

Matt n'est absolument pas ébranlé par cette remarque. Bien au contraire.

– Tu ne vois pas que l'entrepôt a été construit en partie sur la cuve ?

– Heu... si...

La jeune fille ne voit toujours pas où veut en venir son compagnon. Alors Matt explique :

– Mon père m'a raconté qu'avant le tremblement de terre, il y avait déjà eu quelques citernes de construites. Dans les années 1850, au moment de la ruée vers l'or, la ville a brûlé six fois ! Mais ces réservoirs n'ont pas été entretenus et n'ont donc pas pu être utilisés en 1906. Certains ont même été endommagés. Je pense que c'est exactement ce qui s'est passé avec celui-là, même si à l'époque où l'entrepôt a été construit, cela ne devait pas être visible. Puis avec le temps, l'abandon du site et les secousses qui agitent régulièrement la ville, une partie de la citerne a fini par s'effondrer.

Jiao suit avec une grande attention ce que dit son compagnon et commence à comprendre.

– Tu veux dire que la fosse dans laquelle j'ai failli tomber se prolonge jusque sous l'entrepôt, n'est-ce pas ?

– Absolument.

– D'accord, mais dans ce cas, comment veux-tu atteindre l'intérieur du hangar ? Le toit de la citerne n'est pas effondré à cet endroit-là, sinon, tu aurais vu le trou dans le sol quand tu étais prisonnier.

Soudain inquiète, elle poursuit en fronçant les sourcils :

– J'espère que tu n'as pas l'idée de percer le plafond de la citerne à coups de marteau ? Cela prendrait un temps fou et ferait un boucan terrible. Le gangster aurait mille fois le temps de s'en prendre à Mary avant que tu puisses déboucher dans l'entrepôt. De plus, il te cueillerait comme une fleur à ton arrivée.

– Encore parfaitement exact ! approuve Matt avec un sourire.

– Alors… ?

– Alors ça veut dire qu'il nous faut rejoindre l'intérieur de l'entrepôt en toute discrétion. Ce qui est tout à fait possible en passant par l'ouverture centrale qui est simplement fermée par un couvercle métallique.

– Le couvercle métallique ! Bien sûr ! s'exclame Jiao. Je l'avais oublié ! Il doit déboucher quelque part dans le hangar !

Un sourire immense étire les lèvres de son compagnon.

– Cette fois, je crois que la roue de la chance a vraiment tourné…

20

AZ-85

Il n'y a pas d'horloge dans la cellule du matricule AZ-85. C'est un luxe que l'administration pénitentiaire n'a pas jugé bon de fournir à ses détenus. Et puis quel besoin auraient-ils d'une horloge quand leur emploi du temps, grâce aux bons soins des matons, est réglé comme du papier à musique ?

Ce soir pourtant, il risque d'y avoir une fausse note dans cette jolie partition.

Le prisonnier donnerait volontiers une bonne partie de son magot caché sur des comptes secrets pour disposer ne serait-ce que d'une vieille montre.

Quand le gardien l'a ramené à sa cellule, il ne lui a pas adressé un mot. Le visage fermé, les traits tirés et les yeux cernés, il affiche son angoisse comme un étendard. Cela fait mauvais effet. Il ne faudrait pas que ses collègues le remarquent et commencent à avoir des soupçons. Faudrait pas non plus que le bonhomme ait soudain des remords et oublie ce qu'il risque.

– Tu penses à tes gosses, hein ? lui a lâché Al Capone au moment où il refermait la porte. Ce serait dommage d'en perdre deux d'un coup.

Un peu plus tôt, alors qu'ils revenaient de l'atelier de confection, il avait déjà fait un essai pour lancer la conversation : « J'ai un souci de vocabulaire… Un gamin, quand il perd ses parents, on dit qu'il est orphelin. Mais un père qui perd ses enfants, on l'appelle comment ? »

L'homme n'a pas prononcé un mot. Le matricule AZ-85 sait pourtant que ça l'a touché. Ça s'est vu à la crispation de sa mâchoire et à la façon dont il a cligné des yeux. Il est fort, faut le reconnaitre. Mais il craquera, comme tous. La guerre psychologique, Al Capone connait bien. Elle vous ravage de l'intérieur et au final vous vous effondrez comme un château de cartes.

N'empêche, cette nuit, le temps passe lentement… Même pour un maitre de la guerre psychologique.

Soudain, les veilleuses du couloir s'éteignent. Alcatraz plonge dans l'obscurité. Des cris de protestation résonnent déjà dans la prison. On peut être un criminel multirécidiviste et avoir peur du noir… Al Capone, lui, commence à espérer.

Un déclic.

Malgré lui, le matricule AZ-85 sursaute comme un trouillard quand la clé tourne dans la serrure. Son cœur s'emballe et frappe comme un boxeur dans sa cage thoracique. La porte s'entrouvre.

L'heure est venue. Enfin !

21

La répartition des rôles s'impose d'elle-même. Jiao est de loin la plus souple et la seule à être en pleine possession de ses moyens. C'est elle qui descendra dans la citerne à l'aide d'un vieux cordage trouvé parmi les déchets abandonnés par les dockers. Pendant ce temps, Matthew attirera le gangster dehors. Dès que ce dernier aura refermé la porte de l'entrepôt pour aller voir ce qui se passe, la jeune fille remontera jusqu'à la bouche du réservoir qui s'ouvre à l'intérieur de la prison de Mary. Pour cela, elle empruntera l'échelle métallique qui permettait aux techniciens de venir inspecter l'intérieur de la citerne. En espérant bien sûr que les barreaux tiennent le coup. Ensuite, ce sera un jeu d'enfant. Grâce à un morceau d'acier tranchant récupéré dans les environs, elle coupera les liens de Mary et elles repartiront toutes deux par le même chemin. Quand le gangster reviendra, la cage sera vide.

Matt accompagne Jiao pour vérifier qu'elle ne rencontre pas de problème. Le cordage de pêcheur solidement attaché à un poteau, la jeune fille le saisit à deux mains et commence à descendre dans la fosse. Son compagnon place une main sur la sienne avant qu'elle ne soit complètement avalée par le vide. Il la fixe avec une incroyable intensité. À la lumière de la lune, le bleu de ses iris a viré au marine.

– Ce que tu as fait pour moi et ma famille, souffle-t-il, c'est exceptionnel. Je ne sais comment te remercier.

Jiao cligne rapidement des yeux avant que sur sa bouche se dessine un demi-sourire.

– On trouvera, répond-elle, je suis sûre qu'on trouvera.

Et sur ces paroles, elle se laisse glisser au fond du réservoir. Dès qu'elle touche le sol, Matt la voit se diriger vers le centre. L'ombre la dissimule momentanément à son regard. Il entend quelques raclements métalliques, puis Jiao réapparait. Elle lève son pouce en l'air. C'est le signal. L'échelle est en place et devrait tenir bon. Matt est soulagé. La chance est avec eux.

Désormais, c'est à son tour de jouer.

Il rejoint le premier tas de bidons métalliques qu'il a empilés à proximité du hangar. À l'aide d'une barre en fer, il donne un grand coup dans celui du bas. La pile s'écroule dans un tintamarre infernal.

Il ne faut guère attendre avant que la porte métallique ne s'ouvre.

– Qui va là ? lance l'homme d'Al Capone.

Pour toute réponse, Matt, qui s'est éloigné un peu, percute une nouvelle pile. Cette fois, le gangster sort son arme et franchit le seuil. Il referme à clé derrière lui comme l'adolescent l'avait deviné. Peu importe. Jiao ne va pas tarder à entrer en action.

Pile après pile, Matt éloigne l'homme du hangar. Mentalement, il essaie de suivre la progression de sa complice. Il faut qu'il lui laisse un maximum de temps pour qu'elle puisse libérer Mary.

Le gangster menace et jure. Il tire même une fois sur une ombre qu'il a cru voir bouger. Il met un certain temps à comprendre que tout cela n'est qu'une mise en scène. Matt est content que celui qui est resté pour surveiller Mary ne soit pas le plus malin des trois. L'homme finit cependant par deviner qu'on se joue de lui. Il revient au pas de course vers le hangar mais se rassure en voyant la porte intacte. Pendant qu'il la déverrouille, Matt rejoint le bord de la fosse.

C'est avec une joie incommensurable qu'il voit Mary en train d'essayer de monter à la corde. Malheureusement, la gymnastique n'est pas son point fort et malgré les conseils et l'aide de Jiao, elle n'avance guère.

L'angoisse remplace vite le soulagement. Il faut quitter les lieux avant que le gangster n'ait l'idée de ressortir pour partir à la recherche de Mary !

– Je vais te tirer, lance-t-il à voix basse, laisse-moi juste me positionner. Quand je tirerai deux coups secs, tu t'accrocheras et je te remonterai !

Il passe le cordage derrière son dos, plante ses talons et donne le signal. S'interdisant de penser à la douleur, il commence à tirer de toutes ses forces, aussi vite qu'il le peut. Mary est en train de s'extirper de la fosse quand tout à coup de grands bruits proviennent de l'intérieur de l'entrepôt, comme si quelqu'un frappait les cloisons métalliques. Des cris furieux ne tardent pas à résonner. Sans prendre le temps de serrer sa sœur chérie dans ses bras, Matt relance précipitamment le cordage à l'intérieur de la fosse. Il faut à tout prix que Jiao sorte de là avant que le gangster ne remarque le couvercle de la citerne. À leur arrivée il devait être recouvert de poussière et donc invisible. Mais depuis qu'il a été ouvert, il doit être bien plus facilement repérable.

Jiao se saisit de la corde et commence sa remontée. Bien plus agile que Mary, elle se propulse avec efficacité vers le haut. Alors qu'elle est à mi-hauteur, un raclement métallique signale que le gangster vient de soulever le couvercle. Matt sent son cœur s'affoler. Il ne pensait pas qu'il irait aussi vite. L'homme lance une bordée de jurons en découvrant l'échelle. Il se penche en avant et, fou de rage, tire sans vraiment pouvoir viser. Les balles sifflent et s'écrasent contre les parois de la cuve. Comprenant qu'il ne pourra rien atteindre ainsi, il s'engage dans le trou pour descendre l'échelle. Mary, terrifiée, pousse un cri. Matt ne perd pas une seconde. Saisissant à nouveau le cordage, il soulève Jiao en une fantastique traction. Il hurle de douleur au moment où sa blessure s'ouvre à nouveau.

La jeune fille parait s'envoler dans les airs tandis qu'il souffre le martyre. Elle s'accroche à la bordure de briques et effectue un rétablissement pour basculer sur le sol.

Juste à temps !

Le gangster s'est laissé glisser au bas de l'échelle à toute allure et s'est précipité vers le cordage en tirant dans sa direction.

– Courez ! crie Matt aux deux filles.

Elles marquent un temps d'hésitation qui oblige Matthew à insister :

– Fuyez ! Allez au poste de police ! Il est peut-être encore temps d'empêcher l'évasion ! Toi, Mary, ils te croiront !

Cette fois convaincues, les jeunes filles s'élancent. Aveuglé de fureur, le gangster tire une nouvelle balle qui frôle Matt. Celui-ci bondit en arrière. Un petit clic assorti d'un juron lui apprend que le chargeur de l'homme d'Al Capone est vide. C'est le moment ou jamais !

Il fait rouler les tonneaux métalliques vers la fosse et les précipite dans le trou. La pluie de bidons vient percuter le gangster occupé à recharger son arme. Un hurlement se mêle au fracas provoqué par la chute des tonneaux. Puis le silence. Au bout de quelques secondes, Matt ose jeter un œil. L'homme, allongé sur le sol, est inconscient, à moitié recouvert par une pile de tonneaux. L'adolescent laisse échapper un soupir. Ce gangster-là ne va plus leur poser de problème avant un moment.

Matt se redresse, épuisé d'avance par le chemin qui lui reste à parcourir jusqu'au poste de police. Il sent sa plaie saigner et une faiblesse immense l'envahit. Il parvient à avancer en titubant jusqu'à l'entrée de la zone abandonnée. Plus aucun bruit, si ce n'est celui des vagues à la crête argentée. À sa gauche, la pile du pont. À la lumière de la lune, elle n'est plus orange vif mais d'un bronze profond. La couleur lui plait. C'est un endroit parfait pour perdre connaissance. Son instinct de survie essaie de lutter encore un peu en évoquant un retour possible de Jo et Bill, mais Matt est convaincu des qualités de persuasion de sa sœur. Les policiers vont intervenir. Elle, ils la croiront, c'est sûr. C'est qu'elle sait y faire la...

Matthew ne parvient pas au bout de sa pensée. Il glisse à terre, le regard aveuglé par un voile rouge.

Le ressac, indifférent, reste seul à jouer avec la lune.

22

Une odeur d'antiseptique et de chloroforme mêlés. Une odeur de chambre d'hôpital. Rassurante et désagréable. Matt renifle et fait la moue.

– Enfin ! Tu te réveilles !

En reconnaissant la voix de son père, l'adolescent ouvre grand les yeux. Il veut s'assurer que, cette fois, il ne rêve pas. Que son père est bien là, en chair et en os à ses côtés. Quand il plonge son regard dans celui, aussi bleu que le sien, de l'homme assis à son chevet, un soulagement si intense déferle en lui qu'il ne peut retenir ses larmes.

– Flûte, dit-il, je pleure comme un gosse !

– Un gosse dont je suis sacrément fier !

En disant ces paroles, M. Donnell s'essuie les yeux du revers de la main. Son fils n'en revient pas. Il ne l'a jamais vu pleurer en sa présence. Même lorsque sa femme est décédée, il n'a pas craqué devant ses enfants. Bien sûr, ils l'ont vu les paupières gonflées et les yeux rouges. Mais personne n'en a jamais parlé. L'adolescent se dit alors que, finalement, pleurer n'est peut-être pas si grave…

– J'ai eu si peur…, avoue M. Donnell, j'ai cru que j'allais vous perdre tous les deux. Je redoutais qu'ils vous éliminent malgré mon obéissance.

Matthew remarque alors de nouvelles rides sur le visage fatigué de son père. Et ses tempes ont encore blanchi. Soudain, l'adolescent pense à l'évasion qui était prévue.

– Al Capone, est-ce qu'il a… ?

– Al Capone est toujours en prison. Et ses trois amis vont l'y rejoindre très prochainement. Tout ça, grâce à mes enfants !

– Mary a donc réussi à convaincre les policiers ?

– Plutôt deux fois qu'une ! Tu sais comment est ta sœur quand on s'en prend à sa famille.

– On parle de moi ?

En chemise de nuit d'hôpital, Mary vient d'apparaitre dans la chambre de son frère. Elle court pour le serrer dans ses bras en faisant très attention à ne pas réactiver la douleur de sa blessure.

– Comment vas-tu ? lui demande son frère d'un ton pressant.

– Épuisée, crevée, fatiguée, éreintée, exténuée… morte, quoi ! Mais bien vivante quand même ! Les médecins ont juste voulu me garder en observation pour être sûrs.

Mary a retrouvé toute sa fougue et arrache à son frère un sourire fatigué mais heureux.

– Alors raconte-moi ce qui s'est passé, demande ce dernier.

Sa sœur s'assoit sur son lit et ne se fait pas prier davantage.

– Ça a été très simple. Jiao et moi avons couru jusqu'au poste de police, je leur ai dit que je venais de m'évader, que j'avais été kidnappée par des hommes d'Al Capone et qu'ils m'utilisaient comme otage pour forcer mon père à faciliter l'évasion de leur chef. Ils ont ensuite appelé Alcatraz sur leur ligne sécurisée, et hop ! les gardiens ont repêché le poisson avant qu'il ne se jette à l'eau. Enfin, dans la barque de ses complices. Il y a eu une fusillade, Jo a été blessé et Bill a fini par se rendre. Voilà tout !

– Voilà tout. C'était aussi simple que ça, ronchonne son frère, un peu vexé.

Sa sœur sourit malicieusement.

– Il faut dire que, moi, je n'ai pas une tête de voyou. Et je ne vole pas les fils de médecin.

– Ce n'était pas un vol ! C'était un emprunt ! Quant à avoir une tête de voyou... Non mais je rêve !

Mary éclate de rire.

– Pas la peine de monter sur tes grands chevaux, il y en a certaines qui l'apprécient beaucoup, ta tête de voyou !

Indifférente au rouge qui envahit les joues de son frère, la jeune fille poursuit :

– Et puis j'ai toujours eu l'art et la manière de convaincre. Quand on était petits, qui donc chargeais-tu de négocier un cookie supplémentaire pour le goûter ?

Préférant changer délibérément de sujet, Matthew se tourne vers son père :

– Pour l'argent, je suis vraiment désolé, 'pa, mais je ne savais pas quoi faire. J'avais perdu la mémoire, c'était horrible…

M. Donnell lui tapote le bras d'un geste rassurant.

– Ton amie nous a tout expliqué. Tu n'as pas à être désolé. Tu as parfaitement bien agi. Et la jeune fille nous a rendu la plus grosse partie de la somme. Je suis sûr que lorsque le médecin connaitra toute l'histoire et qu'il aura été remboursé, il retirera sa plainte.

– Est-ce qu'elle vous a dit aussi tout ce qu'elle avait fait pour nous aider ?

– Pas vraiment. Elle est restée assez discrète. Je ne savais pas d'ailleurs que tu avais des amis à Chinatown.

– Sans elle, rien n'aurait été possible.

Il hésite un instant avant de demander, non sans une certaine gêne :

– Elle n'est pas dans le coin par hasard ? J'aurais… J'aurais aimé… Euh… la remercier…

En fait, il aurait surtout aimé qu'elle soit là, à son chevet, comme elle l'avait été à son réveil chez sa grand-mère. Son fin visage lui manque déjà.

– Elle était épuisée, tu sais. Elle a insisté pour participer aux recherches pour te retrouver. Quand on a constaté que tu ne nous rejoignais pas au poste de police, elle a été la première à exiger que l'on retourne à l'entrepôt. Les policiers n'étaient pas vraiment heureux du ton qu'elle a employé, mais étant donné la situation, ils ne pouvaient nier que tu étais en danger. Des ambulanciers les ont accompagnés et c'est elle qui t'a retrouvé près de la pile du pont. Heureusement d'ailleurs, car ta blessure s'était rouverte et tu perdais beaucoup de sang. À partir de ce moment-là, tu as été pris en charge par un médecin. Je pense qu'à cette heure elle est en train de dormir. Elle était vraiment épuisée.

Matthew se sent à la fois ravi et coupable. Il est tellement heureux que Jiao se soit ainsi démenée pour le sauver. Et en même temps, il a honte de tous les sacrifices auxquels elle a dû consentir pour y parvenir. Il a hâte de pouvoir la remercier face à face !

Alors que Matt est plongé dans ses pensées, deux policiers entrent dans la chambre. Il pense tout d'abord qu'ils viennent l'interroger, mais les agents s'adressent à son père.

– Allez, Donnell, il faut nous suivre. On vous a accordé d'être là au réveil de votre fils, mais maintenant, c'est l'heure.

En voyant le visage de ses enfants se décomposer, leur père les rassure :

– Je dois être interrogé et passer devant le juge pour ce que j'ai fait. Mais étant donné les circonstances, cela devrait bien se terminer. Ne vous en faites pas.

Sur ces paroles, il serre la main de son fils puis il se lève pour suivre les policiers. Une fois qu'ils sont sortis, les jumeaux se retrouvent seuls.

– Ça ira, insiste Mary, ne t'en fais pas. Il faut juste que la procédure suive son cours… il a quand même fait disjoncter Alcatraz et ouvert la porte de la cellule d'Al Capone ! L'administration pénitentiaire ne peut pas fermer les yeux sur ça. Mais ça ira, répète-t-elle.

Matt se force à lui retourner son sourire. Il espère juste qu'elle ne fait pas preuve d'un trop grand optimisme…

ÉPILOGUE

Il est près de midi. La brume matinale s'est dissipée et le soleil brille de tous ses feux sur la baie franciscanaise. À quelques kilomètres de là, le Golden Gate Bridge semble flamboyer sous l'assaut de ses rayons. Le quai des pêcheurs bourdonne d'activité tandis que goélands, pélicans et cormorans se disputent les airs à grand renfort de cris et de piqués agressifs. Tout au bout du Pier 39, avachis sur des rochers, les lions de mer contemplent cette débauche d'énergie d'un œil réprobateur.

C'est un jour comme les autres sur la planète San Francisco.

– Hé Matt ! Qu'est-ce qui t'arrive ? Tu es en avance pour ta portion de clam chowder !

Le marchand de soupe aux palourdes a déjà un pain dans une main et la louche dans l'autre. D'un geste, Matt rejette sa proposition en souriant.

– Non merci. Pas aujourd'hui. À vrai dire, j'ai plutôt une envie de dim sum.

En le voyant se diriger droit vers le petit kiosque chinois, le marchand marmonne avec un sourire en coin :

– Oui, c'est ça. Une envie de dim sum, bien sûr...

Matt ne l'a même pas entendu. Jiao vient de relever la tête et leurs regards s'accrochent. Le soleil en a perdu son éclat. Tout ce qui n'est pas Jiao pâlit aux yeux de Matt. Il ne remarque le garçonnet qui se tient à ses côtés que lorsqu'elle se penche vers lui pour l'envoyer faire une course.

Il se répète en boucle le petit discours qu'il a préparé pour lui exprimer toute sa reconnaissance... et le reste. Enfin le voilà devant elle.

– Heu... Salut.

Il ouvre la bouche, la referme, déglutit, se trouve la gorge affreusement sèche.

– Je... Je voudrais...

Matthew détache ses yeux du regard sombre en amande et les pose sur le présentoir.

– ... des dim sum. Trois. À la crevette.

Pendant que Jiao le sert, il l'observe en douce. C'est en notant que ses mains tremblent et que ses joues sont étrangement colorées qu'il retrouve brusquement son calme. La jeune fille lui tend sa commande en évitant son regard. Elle ne lui a pas encore dit un mot. Quand elle ouvre enfin la bouche, c'est pour demander :

– Comment se présentent les choses pour ton père ?

– Plutôt bien. Il a été reconnu qu'il a agi sous la contrainte. Mais il va démissionner. Suite à ce qui s'est passé, les autorités d'Alcatraz ont décidé que les gardiens vivraient désormais sur l'île avec leur famille. Les enfants iront à l'école tous les matins sous bonne garde, de même que les épouses qui travaillent. Mais mon père refuse de nous imposer ça. De plus, il est très attaché à notre maison familiale. Nous y avons tous nos souvenirs. Je crois aussi qu'il a envie de changer de travail. Cette histoire ne l'a pas laissé indemne.

– Je suis heureuse pour vous. Comment va Mary ?

Matthew soupire. Il préfèrerait qu'elle s'inquiète de lui plutôt que des autres membres de sa famille. Il répond cependant avec patience :

– Elle va bien. Peut-être est-elle un peu moins insouciante, mais elle est forte.

– Ah. C'est une bonne nouvelle.

Jiao est maintenant occupée à lui rendre sa monnaie. Au moment où elle la lui tend, Matt attrape sa main.

– Sinon, moi aussi je vais bien. Même s'il me faudra attendre un peu avant de recommencer le baseball. L'essentiel, c'est que je vais pouvoir reprendre mon service de livreur en faisant attention à ne pas forcer. Comme tu le vois, je suis sorti de l'hôpital. Mon épaule me fait encore souffrir par moments mais cela devrait passer avec le temps. Par ailleurs, le docteur Martin a retiré sa plainte. Grâce à toi, on a pu lui rembourser toute la somme que j'avais empruntée. C'est un brave homme.

Quand il a connu toute l'histoire, il était bien désolé des conséquences de sa plainte. Mais bon, il ne pouvait pas savoir, j'avais trahi sa confiance...

Il finit par se taire. Il ne lâche pas pour autant la main de Jiao. Cette dernière finit par relever les yeux.

– Je suis contente pour toi aussi, murmure-t-elle.

– Parfait. Je suis très content que tu sois contente pour tout le monde, commenta le jeune homme d'un air sérieux. Mais dis-moi, sur le plan personnel, es-tu contente également de la conclusion de cette histoire ?

– Bien sûr, répond Jiao en évitant son regard.

– Eh bien pas moi ! réplique Matt avec vigueur. Enfin pas complètement, tempère-t-il. Je croyais avoir une amie. Une excellente amie. Sauf qu'elle n'est pas venue me voir à l'hôpital.

Sensible au ton de reproche contenu dans sa voix, Jiao se défend.

– Je suis chinoise. Tu avais ta famille. Je n'avais rien à faire là-bas. Tu n'as plus besoin de moi, maintenant.

De sa main libre, Matt abaisse suffisamment le store du kiosque pour les cacher à la vue des passants et de l'autre tire en avant celle de Jiao. Les cents s'échappent de ses doigts et s'éparpillent parmi les dim sum et les nems. Ils sont proches, tout proches. L'adolescent sent son souffle sur son visage.

– Et si je te disais que tu racontes n'importe quoi ? Si je te disais que, contrairement à ce que tu prétends, j'ai encore besoin de toi, maintenant ? Même s'il est vrai que je n'ai plus besoin qu'on me sauve la vie toutes les cinq minutes.

– C'est toi qui dis n'importe quoi, tente de contrer Jiao. Je suis chinoise. Que dirait ton père ?

Un lent sourire s'affiche sur le visage de Matthew.

– Tu es chinoise, j'avais remarqué. Moi je ne le suis pas. Tu l'as remarqué aussi. Donc on est au clair. Quant à mon père, s'il avait le pouvoir de te couronner reine, même ici aux États-Unis, il le ferait en sautant de joie. Si ce sont là toutes tes objections, je pense qu'on peut passer à l'essentiel.

Et d'une légère traction, il réduit encore l'espace qui séparait leurs visages.

Les derniers centimètres, c'est Jiao qui les franchit. Elle laisse échapper une petite exclamation où la joie et la surprise se mêlent, puis leurs bouches se rencontrent avec ardeur.

Quand ils se séparent enfin, ils ont les joues écarlates et sont à bout de souffle. La jeune fille redresse son chignon. Ses yeux brillent d'un nouvel éclat. Avec un sourire de connivence, elle chuchote :

– Tu vois, je t'avais bien dit que tu trouverais un moyen de me remercier…

Matthew éclate de rire :

– Là, je ne sais pas trop qui remercie qui, mais ce que je sais, c'est que vu l'ampleur de la dette, il faudra des semaines, des mois, voire des années pour l'écouler…

– Puis après, poursuit Jiao en prenant un air sérieux, je risque d'avoir des choses pour lesquelles je devrai te remercier à mon tour.

Matt affiche un air faussement catastrophé.

– À ce rythme-là, on risque de jamais s'en sortir ! Je suis désolé, mais je ne vois qu'un seul espoir : redoubler d'efforts et sans perdre une minute !

Alors, saisissant entre ses mains le mince visage de la jeune fille, il s'empare à nouveau de ses lèvres pour un long, très long baiser…

Cet ouvrage a été mis en pages
par DV Arts Graphiques à La Rochelle

Impression réalisée par Grafica Veneta
en août 2022
pour le compte des Éditions Bayard

Imprimé en Italie